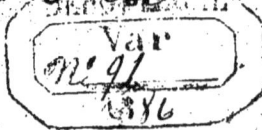
USAGES

ET

RÈGLEMENTS LOCAUX

AYANT FORCE DE LOI

Dans le département du Var & l'arrondissement de Grasse

PUBLIÉS CONFORMÉMENT AU VŒU DU CONSEIL GÉNÉRAL

PAR

RAYMOND POULLE, AVOCAT

D'après les travaux des commissions cantonales révisés par
Mʳ CAUVIN, avocat.

DRAGUIGNAN
C. ET A. LATIL, ÉDITEURS ET IMPRIMEURS
4 — Boulevard de l'Esplanade — 4

1887

USAGES

ET

RÈGLEMENTS LOCAUX

DU DÉPARTEMENT DU VAR

ET DE L'ARRONDISSEMENT DE GRASSE (Alpes-Maritimes)

USAGES

ET

RÈGLEMENTS LOCAUX

AYANT FORCE DE LOI

DANS LES

ARRONDISSEMENTS DE DRAGUIGNAN, BRIGNOLES, TOULON (VAR) ET GRASSE (ALPES-MARITIMES)

Recueillis par M. CAUVIN, Avocat,

ANCIEN SUPPLÉANT DE LA JUSTICE DE PAIX DE DRAGUIGNAN

ET PUBLIÉS AVEC PRÉFACE ET NOTES

Par M. Raymond POULLE, Avocat,

ANCIEN VICE-PRÉSIDENT DU CONSEIL DE PRÉFECTURE DU VAR

Consuetudo vim legis oblinet.

DRAGUIGNAN

C. ET A. LATIL, ÉDITEURS ET IMPRIMEURS

4 — Boulevard de l'Esplanade — 4

1886

PRÉFACE

Le 20 avril 1885, une assistance nombreuse et sympathique se pressait aux obsèques d'un jurisconsulte éminent et modeste, Mᵉ Jean-Baptiste Cauvin, originaire de Fayence (Var), qui terminait, à 90 ans, une carrière entièrement vouée aux labeurs de la plaidoirie et du cabinet (1).

Avocat reçu à la Faculté de Paris depuis 1818, suppléant de la justice de paix du canton de Draguignan, pendant une très longue période, président des comités consultatifs des établissements de bienfaisance et des communes du département du Var, jusqu'à ces dernières années, M. Cauvin joignait aux qualités des maîtres du barreau d'autrefois— l'opiniâtreté dans le travail et la conscience dans les recherches juridiques — une sûreté d'appréciation remarquable, un rare amour de la vérité et une extrême délicatesse pour discerner les nuances si multiples sous lesquelles peuvent se présenter les questions litigieuses.

Encore pénétré des leçons de nos vieux auteurs — formés par l'étude assidue du Digeste et de ses commentateurs—qui brillèrent d'un si vif éclat aux derniers jours du Parlement de Provence, les Dubreuil, les Julien, si savamment interprétés par les

(1) Décédé à Draguignan le 18 avril 1885.

Portalis, les Siméon, les Cappeau et les Castellan, M. Cauvin servait en quelque sorte de transition entre l'époque qui a précédé le code civil et celle régie par cet immortel monument de notre législation.

Aussi avait-il su conquérir, non-seulement dans le ressort du tribunal de Draguignan, devant lequel il avait commencé à exercer sa profession dès 1824, mais encore dans un périmètre étendu une réputation de science, justement méritée, par ses habiles et spirituelles plaidoiries, et par ses mémoires, dont quelques-uns ont obtenu un légitime succès (1).

M. Cauvin a joui, pendant plus d'un demi-siècle, dans le monde du palais d'une estime singulière: son nom faisait autorité en matière de droit. L'opinion publique même s'était souvent prise à regretter qu'une compétence aussi vaste et aussi incontestée n'eût pas été appelée, malgré la résistance de notre confrère, qui se plaisait dans les humbles sphères, à apporter son contingent de lumières dans les délibérations des corps élevés de la magistrature.

Il fit partie, à l'époque de la maturité de son talent, d'une pléïade d'avocats, qui laissèrent une trace profonde au barreau de Draguignan, les Honoré Jourdan (2), les Muraire, les Audiffret (3), les Emmanuel Poulle (4), les Sigaudy (5), pour ne parler que de ceux qui ne sont plus. Tous ces confrères, dont il fut

---

(1) Voir entr'autres la consultation sur les droits de la commune de Fayence à la source de Borigaille (1830).

(2) Qui fut Préfet de la Corse.

(3) Poëte distingué. décédé en 1869, bâtonnier de l'Ordre des avocats à Marseille.

(4) Depuis Premier Président à la cour d'Aix et député du Var (1792-1876).

(5) Depuis Premier Président à la cour de Montpellier.

l'émule, ne cessèrent pas de lui conserver une cordiale amitié (1) et un profond respect pour sa haute valeur juridique.

Ces considérations donneront la mesure du mérite du travail que nous publions sur les Usages locaux *de notre région, tel que nous l'a confié dans sa pieuse sollicitude, pour la mémoire de notre confrère, sa digne et si dévouée compagne (2).*

Nul n'était plus apte que Me Cauvin à réunir et à formuler avec cette précision, qui n'appartient qu'au vrai jurisconsulte, les coutumes et les usages propres à notre Provence, au milieu de laquelle il avait coulé sa longue carrière, tels que nous les ont laissés les traditions du droit romain. Mêlé activement par l'exercice de sa profession aux discussions que font surgir chaque jour les rapports de voisin à voisin, de propriétaire à locataire, ainsi que l'application des servitudes rurales, dans un pays où l'agriculture joue un rôle si prépondérant, Me Cauvin n'ignorait rien de ce qui peut éclairer sur ces matières (3).

Il nous a semblé que c'était faire œuvre pratique et utile que de

(1) Le cadre de ce travail ne nous permet pas de nous étendre davantage sur les qualités privées du regretté Me Cauvin, qui réalisa dans sa longue existence le type de l'avocat, tel que l'avait défini l'antiquité : *vir bonus, dicendi peritus.*

Mes Verrion, bâtonnier, ancien Président du tribunal civil de Draguignan, et Trotabas, avocat, ses amis, ont rendu éloquemment hommage, sur la tombe de Me Cauvin, aux sentiments chrétiens et à la générosité de caractère de celui dont le dévouement professionnel et les austères vertus rappelaient parmi nous les Domat et les Pothier *(Journal le Var du 23 avril 1885).*

(2) Nous avons cru devoir modifier le plan du travail de Me Cauvin pour lui donner plus de clarté et faciliter les recherches.

(3) Le travail de M. Cauvin, ayant été élaboré vers 1855, comprenait les usages relatifs à l'arrondissement de Grasse, qui faisait alors partie du département du Var, avant d'en être distrait pour former celui des Alpes-Maritimes. Nous avons cru qu'il était bon de ne pas en éliminer ce qui se rapporte aux cantons de l'arrondissement de Grasse,

conserver et de mettre à la portée de tous cet ensemble de doctrine, recueilli avec sagacité par ce Nestor des jurisconsultes dans le Var.

Plus que jamais, à l'époque de transformation sociale que nous traversons, il est nécessaire de s'attacher à ces traditions, qui sont le fondement de notre droit local, et de les mettre, dans leur authenticité et leur intégrité, sous les yeux des honorables magistrats, auxquels incombe la mission d'en faire l'application aux justiciables.

Nos législateurs s'occupent depuis plusieurs années de doter la France d'un code rural, en harmonie avec les besoins du temps. La loi du 26 août 1881 est un nouvel acheminement vers l'exécution de ce projet, dont la réalisation complète est si ardemment souhaitée.

La connaissance des usages locaux, profondément enracinés au sein des populations, fournira les matériaux de cette législation des campagnes.

Puisse la publication de l'enquête juridique sur le régime rural, préparée en 1855, dans notre région, encourager des travaux de même genre dans les autres départements, et, tout en préservant de l'oubli la mémoire de notre vénérable confrère, Me Cauvin, concourir à l'œuvre sociale de la justice en lui apportant le fruit des méditations et de l'expérience d'un jurisconsulte consommé.

RAYMOND POULLE, Avocat.

INTRODUCTION

L'unité en France a commencé par le territoire et s'est consommée par la législation. Elle doit son premier élément au courage et à la patiente habileté de nos Rois, le second, au génie du Premier Consul. Il fallait, d'abord, conquérir, une à une, toutes ces belles provinces, qui environnaient la France, à son berceau, ou les y incorporer successivement par des alliances, ou par des traités, pour que sa carte géographique pût lui donner pour limites deux chaînes de montagnes et deux mers. Et afin que ce premier élément de l'unité française fût durable, il fallait, à l'exemple de Rome, conserver aux peuples conquis, ou qui se donnaient d'eux-mêmes à la grande nation, leurs coutumes et leurs lois. C'est ce que fit cette longue génération de Princes, qui semblaient s'être légué, les uns aux autres, une seule et même pensée, celle d'étendre la France jusqu'aux proportions du cadre naturel, où elle devait être contenue comme un vaste et magnifique tableau. Mais, lorsque le temps et la nature eurent cimenté l'ouvrage des hommes, quand l'unité territoriale fut assurée, de manière à n'avoir plus à craindre d'être jamais démembrée et dissoute, cette diversité de lois, qui avait été, dans le principe, le résultat d'une sage et habile politique, ne présenta plus qu'une bigarrure, un amalgame confus d'éléments hétérogènes et discordants. Le droit civil et le droit coutumier partageaient la France en deux grandes fractions, qui étaient presque, à certains égards, l'antipode l'une de l'autre ; le droit coutumier, à lui seul, subdivisait une de ces fractions, en une multitude de parcelles, qui avaient aussi leurs lois particulières et leurs mœurs. Il fallait coordonner tout cela et le fondre en un seul corps, pour que les habitants d'un seul et même territoire fussent placés sous l'empire d'une seule et même loi, formulée dans la langue, qui devait être celle de tous, ne conservant l'empreinte de leurs coutumes particulières que sous une forme générale, et l'étendant pour l'effacer. Et, pour accomplir cette grande réforme, il n'y avait pas de moment plus opportun que celui où les vieilles institutions étaient tombées avec là plus vénérable et la plus sainte de toutes. C'est ce que comprit admirablement le fondateur du code civil : quand ce beau monument sortit de ses mains, l'unité, inscrite au frontispice, en fesait aussi le couronnement.

Mais l'unité, en toutes choses, n'est pas tellement générale et absolue qu'elle exclue entièrement la diversité. Pourvu qu'elle règne dans l'ensemble, on peut sans inconvénient, soustraire, à son principe régulateur, quelques détails. Ainsi, il y avait, dans chaque province, des usages qu'il était bon de respecter. Le LOUAGE, ce contrat si usuel dans la vie sociale, en fournissait un grand nombre. L'USUFRUIT des bois, l'IRRIGATION des terres, y entraient aussi, pour une large part, dont quelques-unes tenaient à la nature du climat, ou à la constitution même du sol. Ou bien, c'étaient des conditions attachées, depuis des siècles, à certains rapports de voisinage ou de communauté, et qui, jusqu'alors, les avaient réglés, de manière à concilier les intérêts opposés des deux voisins ou des divers communistes. Dans toutes ces matières et d'autres encore, qui par leur spécialité, échappent à une classification, il y avait, entre les différentes provinces, quelquefois même entre les différentes parties d'une même province, des divergences plus ou moins saillantes, parce que les besoins et les convenances des localités n'étaient pas partout les mêmes, ou étaient autrement entendus ;

il eût été impolitique, autant que difficile, peu raisonnable même, de
faire disparaître toutes ces divergences et de tout soumettre à un
inflexible niveau. C'est ainsi que, dans un certain nombre de ses dispositions, le code civil s'en réfère à l'usage local, et que, dans d'autres, il ne pose une règle qu'en la subordonnant à l'usage, qui, lorsqu'il
diffère de la règle, doit lui-même en servir. Bien avant le code, la loi
romaine avait fait preuve du même respect pour l'usage. *Consuetudo
vim legis obtinet.* Le législateur français n'a donc fait que suivre
l'exemple de son immortel devancier.

Toutefois, on ne peut se dissimuler qu'en agissant ainsi, il laissait
une porte ouverte, par laquelle l'arbitraire pouvait s'introduire dans la
législation. L'usage a ses caprices, comme ses règles. Le temps le
transforme, ou le modifie profondément. Ce qui est usité suivant les
uns ne l'est pas suivant les autres, surtout si le vague et l'incertitude
de la tradition n'ont rien qui puisse les éclaircir. Un autre inconvénient de l'usage, c'est qu'au lieu de s'étendre et de se généraliser, il
tend, sans cesse, en se modifiant, à se fractionner et se restreindre, à
ce point que, dans quelques localités, on en est venu jusqu'à donner,
pour règle, l'usage suivi par un ou deux propriétaires. C'était bon pour
certains cas, relatifs à l'usufruit des bois, mais, hors de là, il est
évident que l'USAGE CONSISTE DANS CE QUI EST PRATIQUÉ PAR LE PLUS
GRAND NOMBRE.

A tout cela, il semble que ni le législateur romain, ni le législateur
français, n'avait songé. Tel est, en effet, le côté faible de la législation,
même la plus sage, qu'il y a toujours quelque lacune, par laquelle on
échappe à son action et que l'imperfection de l'homme s'y fait toujours
sentir. Il est vrai que ces inconvénients sont moins à craindre chez un
peuple stationnaire, fidèle à ses habitudes et à ses mœurs, ou même
chez un peuple progressif qui, au sortir d'une longue commotion politique, sent la nécessité d'y revenir. Mais, après quarante ans de paix,
chez une nation aussi mobile que la nôtre, sur qui la nouveauté a tant

d'empire, dans une civilisation avancée, dont la science et les arts reculent sans cesse les limites, où les envahissements de l'industrie naissent de l'esprit même qui favorise ses progrès, on comprend que la tradition n'est bientôt plus qu'une vieille douairière, dont l'importune sagesse a fait son temps et n'est plus guère écoutée.

Il y avait donc, encore de nos jours, quelque chose à faire, pour compléter, autant que possible, l'œuvre, d'ailleurs si parfaite dans son ensemble, du code civil. C'était de constater et de recueillir ces usages locaux, auxquels il renvoie dans un assez grand nombre de ses dispositions et dont on cherche le texte partout, sans le trouver nulle part. Nous avons bien, nous, habitants du Var, ces anciens statuts Provençaux, où nous retrouvons avec orgueil quelques-uns des usages qui ont servi de règle à notre nouvelle législation, dans ces dispositions où elle en établit une, qui doit, selon l'occurrence, céder à l'usage des lieux. Mais ces statuts, comme on sait, ne nous sont pas parvenus dans leur intégrité. La plupart des coutumes qu'ils retracent tenaient aux institutions politiques ou religieuses du temps où elles s'étaient formées, ou de celui où elles avaient été consacrées par l'adhésion de nos Rois, lors de la réunion de la Provence à la couronne, et elles se sont évanouies avec ces institutions, leur seule raison d'être. A peine en trouve-t-on quelques-unes, qui sont encore applicables à notre temps, et il faut les chercher péniblement, à travers les débris d'une législation qui n'est plus. Le langage demi-barbare et presque inintelligible dans lequel elles sont conçues suffirait pour en détourner le commun des lecteurs et n'en permettre l'accès qu'à un petit nombre de légistes studieux, qui veulent remonter à l'origine de quelques-unes de nos lois actuelles, pour mieux les comprendre, ou qui se complaisent dans les recherches historiques des choses d'un autre âge.

Cependant les statuts de Provence ne laissent pas de justifier la curiosité dont ils pourraient être l'objet. Si l'on y trouve, le plus souvent, des sujets d'observations, qu'on pourrait appeler *rétrogrades*, on y rencontre parfois des éléments d'une législation fort avancée, et qui prouvent que le xv⁰ siècle comprenait déjà des besoins qui n'ont eu leur pleine satisfaction qu'au xɪx⁰. C'est ainsi qu'on y voit Isabelle, reine de Sicile, lieutenante du roi René, accorder, aux remontrances des trois états, un statut, qui permettait de dériver les eaux d'arrosage, *à travers les chemins publics et privés,* pourvu que les voisins n'en éprouvassent aucun dommage, et le statut de 1440 devancer la loi, beaucoup plus complète il est vrai, de 1845.

Quoi qu'il en soit, on ne connaît guère maintenant ces statuts que par les commentaires de Bomy, de Mourgues et de Julien. Mais, là encore, que de choses qui ne sont plus de notre temps et sont devenues tout-à-fait étrangères à nos mœurs! Dubreuil et Cappeau, qui sont venus après eux, tout en laissant de côté la plus grande partie de cet ancien droit provençal, qui n'était plus en harmonie avec nos nouvelles institutions et en se rapprochant davantage des coutumes de nos jours, n'ont pu, à leur tour, en offrir qu'un aperçu fort incomplet, parce que leur travail s'est vu renfermé dans les bornes de celui de leurs prédécesseurs, pour la partie qui en était encore applicable au moment où ils écrivaient, et qu'ils n'y ont ajouté que les modifications qu'y avaient déjà apportées, de leur temps, la doctrine et la jurisprudence.

Ajoutez à cela que nos anciennes coutumes n'avaient pas toutes le caractère de simplicité et d'universalité attaché à celle qui réglait la distance à observer entre certaines plantations ou constructions. Il y en avait qui, dans l'application, se compliquaient d'une foule d'autres, variables selon les lieux où elles étaient établies. Par exemple, en fait de compascuité, ici, l'on réservait le tiers des pâturages pour les troupeaux du fonds asservi, là, on en réservait un quart. Ici, la réserve était permise, pour une saison seulement, là, elle l'était pour toute l'année. Partout ou à peu près, l'exercice du droit était modifié par des règlements municipaux, comme il peut l'être encore aujourd'hui, en vertu de la loi du 18 juillet 1837. Partout, ou à peu près, un rapport *pro modo jugerum*, déterminait le nombre de têtes de gros et de menu bétail, qui pouvaient être introduites dans les pâturages communs. Bien que la compascuité, en Provence, fût un droit réel, et qu'il fallût être propriétaire pour en jouir, dans quelques communes, telles que celle d'Ampus, on avait permis aux prolétaires de l'exercer, dans de certaines limites. Toutes ces coutumes, particulières aux divers pays de vaine pâture, ne sont consignées nulle part, si ce n'est dans leurs archives, qui ne sont pas toujours bien tenues et soigneusement conservées. Il faudrait qu'une main patiente les en exhumât, car elles sont bonnes à connaître. Pour ne citer qu'un seul exemple de cette utilité, l'article 14 de la section IV de la loi du 6 octobre 1791 détermine bien la quantité de têtes de bétail qu'un chef de famille, qui n'est propriétaire ni fermier d'aucun des terrains sujets à la compascuité, peut mener aux pâturages, mais *sans rien innover aux lois, coutumes ou usages locaux et de temps immémorial,* qui leur accorderaient un *avantage plus grand.*

Ainsi le département du Var, comme tous les autres, sans doute, avait besoin d'un recueil, où ses usages fussent constatés. Il le fallait, au risque de les voir devenir, de jour en jour, plus problématiques, véritable pépinière de contestations pour l'avenir. Quand la législation existante, à défaut de règlements ou usages, pose une règle qui y supplée, là, comme ailleurs, le mal eût été moindre, puisqu'en tous cas il aurait existé, à leur place, une base certaine de décision pour les tribunaux. Mais, dans les cas, assez nombreux, où la législation s'en réfère, purement et simplement, à l'usage, la France entière, et notre département peut-être plus qu'aucun autre, allait être livrée au conflit des opinions divergentes et à l'arbitraire des décisions.

Un tel état de choses ne pouvait pas manquer de frapper les esprits graves et prévoyants, qui abondent dans notre pays. Les Conseils généraux s'en sont émus, un concert de vœux s'est élevé de leur sein, pour qu'il y fût porté remède, et ces vœux ont été entendus. Dès 1844, des mesures administratives ont été prises pour les satisfaire; déjà même, à cette époque, ils étaient réalisés dans deux départements. La Société libre d'agriculture de l'Eure avait, la première, recherché et recueilli les usages du sien. Dans le Tarn, un membre du Conseil général, avec l'appui du Procureur général de Toulouse, s'était livré aux mêmes recherches et avait doté son département d'un recueil qui en contenait le résultat.

Le Conseil général du Var n'est pas resté en arrière de ce mouvement. Dans sa séance du 30 août 1844, il a, lui aussi, adopté l'idée d'un semblable travail, et indiqué MM. les Juges de paix comme les personnes les plus aptes à en fournir les matériaux. L'autorité préfectorale et les parquets ont rivalisé de zèle, pour seconder ses vues. On a demandé à tous les Juges de paix du département un rapport, à double expédition, des usages de leurs cantons respectifs, notamment dans les cas prévus par les articles 590, 591, 593, 663, 671, 674, 1736, 1753, 1754, 1758, 1777, du code civil, par la loi du 6 octobre 1791, et par celle du 14 floréal an II. Ces Messieurs ont paru comprendre l'utilité de la tâche qui leur était confiée, par l'empressement qu'ils ont mis à la remplir; mais, en général, il y a eu, de leur part, une tendance marquée à la restreindre, autant que possible. Quelques-uns sont tombés dans l'excès contraire et n'ont pas fait grâce d'un seul des usages agricoles, pratiqués dans leurs cantons. On a transmis alors à tous ces magistrats, avec invitation d'y répondre, des questions imprimées, qui déterminaient, d'une manière précise, les matières soumises à leurs investigations. Des rapports supplémentaires ont été expédiés, et l'on peut dire maintenant que le travail préliminaire, qui doit servir de texte au recueil des usages du Var est à peu près complet.

Pour l'apprécier équitablement, il faut tenir compte des difficultés qu'il présentait, surtout, quand nos Juges de paix, livrés à eux-mêmes, n'avaient pas encore sous les yeux ces questions imprimées qui, plus tard, leur ont servi de guide. En effet, il ne s'agissait pas seulement pour eux de rapporter des usages, mais des usages *ayant force de loi*. Or, quels étaient ces usages qui avaient force obligatoire? A quel signe les distinguer de ceux qui ne l'avaient pas? Les Juges de paix pouvaient-ils, de leur autorité privée, leur assigner, ou leur refuser ce caractère? Sauf quelques espèces de minime importance, dans lesquelles ils avaient pu résoudre eux-mêmes la question, la jurisprudence s'était-elle prononcée, dans un sens ou dans l'autre, sur chacun des usages qu'ils avaient à constater? En supposant qu'elle l'eût fait, ce qui est fort douteux, connaissaient-ils les décisions judiciaires rendues sur chaque usage, dans la limite de leur juridiction respective, eux, nouveaux venus pour la plupart dans la magistrature pacifique dont ils sont investis, quand des juristes même, d'un vaste savoir et d'une expérience consommée, pouvaient ne pas les connaître, ensevelies qu'elles sont dans les archives des greffes, ou perdues dans des recueils où il serait assez difficile de les trouver et que, d'ailleurs, tout le monde n'a pas?

On le voit donc, la position de nos Juges de paix ne laissait pas d'être embarrassante; ils pouvaient craindre également d'en dire trop ou trop peu. C'est ce qui explique, jusqu'à un certain point, le laconisme des uns et la stérile abondance des autres.

Parmi les rapports émanés des justices de paix de l'arrondissement de Draguignan, nous avons remarqué plus particulièrement ceux de Draguignan, d'Aups et de Grimaud. Ce sont ceux qui répondent le plus exactement à ce qu'on attendait de leurs auteurs. Dans cette circonstance, le sens droit et l'expérience de feu M. Blanc, qui avait fait le premier rapport, ne lui ont pas failli; les mêmes qualités se retrouvent dans le rapport supplémentaire, fourni par son successeur. MM. Girard et Hypolite Maille ont prouvé que la culture de l'esprit est bonne à tout, qu'elle s'applique même, avec avantage, aux questions les plus humbles, ou les plus épineuses, de la législation rurale.

Nous devons au premier les détails les plus circonstanciés et les plus complets, sur le cheptel, tel qu'il est entendu et pratiqué dans le canton d'Aups. C'est un petit traité sur la matière, on ne le lirait pas, sans fruit et sans intérêt, dans un temps où l'industrie, pour créer des richesses, se tourne, plus que jamais, vers l'agriculture.

Il appartenait au second de tracer les règles de l'exploitation des chênes à liège, d'autant plus utiles à connaître qu'elles sont puisées, pour la plupart, dans la constitution même de l'arbre, auquel le Var est redevable d'un de ses produits les plus précieux, et qu'en ne les observant pas, on procède comme le sauvage, qui détruit l'arbre, pour avoir le fruit. M. Hypolite Maille n'a pas manqué à cette partie naturelle de sa mission.

Si on compare entr'eux les divers rapports de notre arrondissement et surtout si on étend cette comparaison à ceux des trois autres, on verra que bien des divergences, sur les mêmes matières, existent entre les usages des divers cantons. C'est une image, en miniature, de l'incohérence qui régnait autrefois entre les coutumes des diffé rentes provinces. Dans les matières purement personnelles, comme quand il s'agit de l'époque où un locataire doit donner congé ou le recevoir, il serait peut-être à désirer que l'usage le plus général prévalût et que tous les cantons dissidents fussent tenus de s'y conformer. Presque partout, le congé se donne avant Pâques. Dans quelques cantons retardataires, il peut être encore donné utilement, le jour de Pâques, ou même dans la huitaine qui suit. Pourquoi cette différence, quel motif raisonnable pour l'expliquer?

On est encore blus blessé, en parcourant les rapports de MM. les Juges de paix, d'y rencontrer des usages, diamétralement contraires à la loi générale. Ainsi, à Vence, lorsque la propriété supérieure est soutenue ar un mur, l'inférieur ne peut cultiver la sienne que jusqu'à une certaine distance du mur de soutènement. Deux règlements, à la date de 1757 et de 1771, l'avaient ainsi prescrit, pour le cas où la propriété supérieure est une route de l'État. C'est sans doute, par une extension abusive de cette disposition, que l'usage de Vence s'est formé. Il en avait été invoqué, à Grasse, un pareil, en 1849, dans un procès qui s'éleva entre un sieur Jaume et la commune, mais le tribunal en fit justice, et la cour, après lui, en décidant que les règlements de 1757 et de 1771 sont abrogés, et que nul ne peut être contraint de laisser en friche une partie quelconque de son fonds.

Un autre usage existe à Grasse, qui permet au bailleur et au preneur d'un fonds de terre, de se donner réciproquement congé, avant le terme de droit, lorsqu'ils ne sont pas contents l'un de l'autre, et celui-là est maintenu par la jurisprudence du tribunal. A la vérité, cette faculté exhorbitante, laissée à l'une des parties, de rompre, à volonté, un contrat synallagmatique, ne s'exerce pas sans indemnité en faveur de celle qui la subit. Mais il arrive assez souvent que c'est l'appât d'une belle récolte d'olives, pendante, qui détermine le propriétaire à en user, et l'indemnité n'équivaut pas toujours, pour le fermier, à la part de fruits qu'il aurait eue en nature. Les frais qu'il faut faire, pour la régler, ce qu'il faut en déduire, soit à raison des cas fortuits, qui peuvent encore diminuer ou même anéantir la récolte, soit à raison de la cueillette qu'il ne fera pas et que pourtant il voudrait faire , parce qu'elle lui fournirait une occasion d'utiliser son temps et ses bras, tout cela jette dans la balance, qui devrait être égale, entre le propriétaire et le fermier, un poids, qui la fait, plus ou moins pencher en faveur du propriétaire, par le seul effet de la volonté de celui-ci.

Quand c'est le fermier, à qui il plaît de rompre son engagement, la difficulté d'en trouver un autre, à l'instant même, la suspension de travaux, souvent urgents, l'abandon de la terre, au moment où elle peut avoir le plus de besoin d'être cultivée, voilà autant d'inconvénients, que ne compense pas toujours une indemnité, quelque forte qu'elle soit. Et cette perturbation, apportée dans les rapports du fermier et du propriétaire, tantôt au détriment de l'un, tantôt à celui de l'autre, n'aurait pas lieu, s'ils s'étaient conformés au droit commun, ou s'ils avaient été contraints d'y obéir. C'est l'*usage*, qui a porté cette atteinte à leurs véritables intérêts, en leur laissant plus de liberté. Il semble que ce soit là une disparate avec les principes généraux de la législation, à effacer de notre jurisprudence locale, disparate d'autant plus choquante qu'elle peut se lier et qu'elle se lie, le plus souvent, à une injustice. Le fond de ces observations nous est fourni par le Juge de paix de Grasse. Un magistrat, qui, avant de le devenir, avait été un excellent légiste, ne pouvait pas penser autrement.

Nous n'en dirons pas autant de l'usage, qui, dans le pays de parcours et de vaine pâture, réserve, aux propriétaires des terrains asservis, un espace suffisant, pour l'entretien de leurs propres bestiaux, habituellement séparé, par des *Montjoies,* des parties qui restent affectées à la dépaissance commune. Il semble pourtant contraire à la loi du 6 octobre 1791 (article 6 de la section IV) qui ne permet aux propriétaires de ne se clore que par des murs, des haies vives ou sèches, ou par des fossés. Mais lorsqu'un règlement municipal l'autorise, et c'est une circonstance qui se rencontre dans la plupart des lieux, où il est en vigueur, la cour de cassation a fort bien jugé, par son arrêt du 20 avril 1849, qu'il devait être observé.

Si, dans certains cas, l'usage empiète, comme on le voit, sur le domaine de la loi elle-même, il faut convenir que, dans d'autres, la loi l'a, en quelque sorte, absorbé. Ainsi, presque partout le congé d'un bail verbal se donnait autrefois devant des témoins. Depuis qu'on sait que la preuve testimoniale de l'existence et, par conséquent, de la résiliation d'un bail, même au-dessous de 150 fr., n'est pas admise, le congé se signifie par exploit. Or, il peut arriver que le coût de l'exploit soit supérieur au loyer, quand, par exemple, la location porte sur un de ces misérables réduits, où le pauvre n'a guères que son grabat. Beaucoup de Juges de paix se sont récriés, avec raison, contre cet envahissement de la loi. Leur charité ingénieuse a cherché à y trouver un remède. La plupart viennent au secours des malheureux, en permettant aux parties de se rendre auprès d'eux et en consignant, sur leurs registres, le congé que l'une donne à l'autre. Le congé acquiert ainsi une sorte d'authenticité gratuite, qui suffit pour en prévenir la dénégation et, en tous cas, pour la rendre illusoire (1).

Sur certaines matières, bien des Juges de paix sont muets, parce que, disent-ils, il n'existe pas dans leurs cantons de règlements ou usages, qui y soient relatifs. De ce nombre, est le curage des petites rivières. L'un d'eux, celui de la Roquebrussanne, explique cette absence de règlements par la pente rapide de nos petites rivières et par la hauteur de leurs bords. Mais, dans les parties du sol où elles coulent, pour ainsi dire, à fleur de terre, chez nous, comme ailleurs, l'intérêt privé a senti la nécessité de pourvoir à leur curage, par des conventions particulières, autant que l'intérêt public l'a fait par la loi du 14 floréal an 11. Ce ne sont pas les règlements qui manquent, mais des syndics vigilants, qui veuillent les faire exécuter. Ainsi, dans une circonstance toute récente, il a fallu que l'autorité administrative et l'autorité judiciaire intervinssent, pour forcer un syndic à faire curer la rivière de Nartuby (2), et la dernière n'a pu l'obtenir, quoiqu'à grand renfort de dommages-intérêts, en faveur de l'usinier lésé. On s'est borné à rétrécir, par des piquets, le lit de la rivière et l'on est venu annoncer à l'audience que la rivière, devenue ainsi plus rapide, avait elle-même balayé tout le gravier qui l'encombrait, oui, mais en le charriant plus bas, ce qui ne fesait que déplacer le dommage, ou le fait qui pouvait en être la cause. Nous le répétons, nos mœurs, sur cette matière, sont beaucoup plus en défaut que nos règlements et nos lois.

Quelquefois, on trouve, dans le travail de nos Juges de paix, en com-

(1) L'institution si utile du billet d'avertissement a permis de généraliser la mesure.
(2) Commune de Draguignan.

pensation de ce qui y manque, ce qu'on ne s'attend pas à y rencontrer. Et ici, nous ne voulons pas parler de ces inutilités, qui sont entrées dans le contingent de quelques-uns d'entr'eux, mais d'usages véritablement utiles. Tel est celui qui se pratique à Tourves, en matière d'irrigation. Partout ailleurs, les prises d'un canal artificiel sont au niveau du plafond du canal, ce qui soumet les propriétaires inférieurs à la pénible nécessité de calfeutrer, avec de la terre ou du gazon, les prises supérieures, s'ils ne veulent pas perdre une partie notable de leurs eaux, qui s'échappent, plus ou moins, par chacune de ses prises. A Tourves, toutes les prises sont à fleur d'eau, c'est-à-dire, au niveau du courant, pris à une époque où elle ne sont ni le plus hautes, ni le plus basses. Au moyen de cette disposition, quand on enlève la vanne, placée en travers du canal, pour introduire le courant dans une propriété nouvelle, l'eau n'entre plus, d'elle-même, dans la propriété, déjà arrosée, et l'on évite ainsi une double perte de temps et d'eau. C'est le titulaire distingué du siège de Barjols (1), qui fait connaître cet usage. Il voudrait le voir en vigueur dans son canton. Nous pensons, nous, qu'il serait utile de l'étendre à tout le département.

Il existe, dans le Var, comme ailleurs, des usages qui ne se rapportent à aucun des cas prévus par le code civil, par la loi de 1791 et par celle de l'an II. Les instructions, données aux Juges de paix, les invitaient à faire connaître ceux de ces usages qui régnaient dans leurs cantons. Le Juge de paix de Fréjus et celui de Grasse en rapportent un, qui nous paraît digne d'une mention spéciale. Laissons parler le Juge de paix de Grasse, celui de ces magistrats qui l'a exposé avec le plus de développement et de soin.

« Jusqu'en 1839, dit-il, les chemins ruraux ont été réparés en sui-
« vant la marche que voici :

« Plusieurs propriétaires, co-usagers d'un chemin rural à réparer,

_____

(1) M. Sivan, décédé juge de paix à Draguignan, en 1871

« adressaient une pétition au Préfet, pour obtenir que tous les inté-
« ressés au chemin fussent convoqués, à l'effet d'aviser à la réparation.

« Le Préfet autorisait le Maire à les convoquer sous sa présidence.

« Ce dernier n'avait que la police de l'assemblée, et il veillait à ce
« qu'elle ne s'occupât que de l'objet pour lequel elle avait été con-
« voquée.

« L'assemblée n'était constituée qu'autant que plus de la moitié des
« membres, c'est-à-dire, des propriétaires intéressés étaient présents.
« M. le Maire mettait d'abord aux voix la question de savoir s'il y avait
« lieu de réparer le chemin. Si la majorité des propriétaires présents
« répondait négativement, la réunion était dissoute et tout était fini
« pour le moment. Si, au contraire, elle se prononçait pour l'affir-
« mative, on convenait de la partie, ou des parties à réparer, de la
« nature des travaux à faire, tels que l'établissement d'un cassis, ou la
« construction d'un pont, au passage de tel ruisseau, le pavage ou le
« dépavage du chemin, et autres désignations sommaires des ouvrages
« d'art dont le chemin était susceptible.

« L'assemblée divisait ensuite l'étendue du chemin, en plusieurs lots
« ou sections, pour que les propriétaires les plus rapprochés du clo-
« cher ne concourussent à la dépense, que pour une certaine distance,
« ainsi des autres. Elle nommait des syndics, ordinairement au nombre
« de trois, avec mission de faire dresser le devis des travaux à exé-
« cuter, d'en passer l'adjudication et de dresser l'état de répartition de
« la dépense.

« Le Maire dressait procès-verbal de la séance sur papier timbré, et
« cette délibération portait que les propriétaires se soumettaient à
« acquitter leur quote part, aux formes des contributions directes.

« L'adjudication étant passée, les syndics dressaient, sur papier tim-
« bré, l'état de répartition de la dépense, à laquelle on ajoutait le mon-
« tant des remises du percepteur. Cet état était examiné et visé par le
« Maire; il le transmettait au Sous-Préfet, avec la déclaration à l'appui,

« et ce magistrat, après l'avoir également visé, l'adressait au Préfet,
« qui le rendait exécutoire, en chargeant le percepteur de faire le
« recouvrement, aux formes des contributions directes,

« Si les propriétaires se croyaient trop imposés, ils présentaient des
« pétitions individuelles au conseil de Préfecture, qui les renvoyait,
« pour avoir les observations des syndics, l'avis du Maire et celui du
« Sous-Préfet. Si l'instruction laissait quelque chose à désirer, ou s'il
« y avait des dénégations positives, le conseil de Préfecture commet-
« tait une personne de sa confiance, et souvent le Juge de paix, pour
« vérifier les lieux et en faire rapport.

« Ainsi qu'on le voit, tout se fesait sans frais, si ce n'est les remises
« du percepteur et l'indemnité allouée au commissaire-expert, dont la
« nomination avait lieu très rarement.

« Cette marche, qui garantissait tous les intérêts, avait surtout
« l'avantage d'être simple, facile, et sa promptitude dépendait unique-
« ment du plus ou moins d'activité que mettaient les syndics à remplir
« leurs obligations.

« Cet usage constant, suivi sans difficulté et, en quelque sorte, con-
« firmé par la loi du 14 floréal an II, relative à l'entretien et à la répa-
« ration des canaux et des digues, a été complètement détruit, par la
« circulaire de M. le Préfet, du 30 novembre 1839.

« Depuis cette époque, la réparation des chemins ruraux se trouve
« entièrement abandonnée, parce qu'en y procédant par les voies judi-
« ciaires, les difficultés sans nombre, les longueurs inévitables, et les
« frais considérables qui s'ensuivent, ne permettent pas de recourir à
« ces voies.

« Il serait urgent, dans l'intérêt de l'agriculture, qui souffre beaucoup
« de l'état de choses actuel, de remettre en pratique l'usage forcément
« abandonné. »

On voit que cet usage n'est pas bien ancien, puisqu'il a été évidemment calqué sur la loi de floréal an II. Il ne peut donc pas avoir de

bien profondes racines dans nos mœurs, mais sa nouveauté n'a rien d'incompatible avec les avantages que deux magistrats cantonnaux s'accordent à lui attribuer.

Nous en avons dit assez, pour faire comprendre l'importance et l'utilité d'un recueil, qui fixera enfin, pour le Var, ces usages, de leur nature, si mobile et si changeante, véritable kaléidoscope, où, pour peu qu'on l'agite, on voit tout ce que l'on veut, empire élastique, qui s'étend ou se resserre, selon les circonstances, aux dépens ou au profit de celui de la loi. Grâce au recueil projeté, le kaléidoscope ne sera plus qu'un miroir, qui reflètera, sans les altérer, les coutumes des diverses localités. Les deux empires rivaux auront leur limite net-tement tracée et ne pourront plus empiéter l'un sur l'autre.

Ainsi que nous l'avons dit plus haut, il serait peut-être à désirer qu'on ramenât à l'unité, autant que possible, lorsqu'aucun intérêt de localité ne les explique, ces quelques usages dissidents, qui sont à l'usage général, ce qu'est la secte à la véritable religion. Mais que la secte ou la religion l'emporte, ce sera toujours un grand bienfait d'avoir rendu la coutume notoire pour tous et d'y avoir mis le sceau de l'immutabilité.

N'y eût-il, parmi nous, qu'un seul usage utile, qui pût s'appliquer à toute la France, nous aurons fourni notre contingent, pour la confec-tion du code rural, ce Messie de l'agriculture si vivement désiré, si impatiemment attendu (1).

J.-B. CAUVIN, avocat.

----

(1) Le *desideratum* de M. Cauvin commence à recevoir satisfaction. On sait que le Sénat est saisi d'un projet de code rural, dont quelques portions ont déjà été votées.

CHAPITRE PREMIER

DE L'USUFRUIT

(Code civil. — Titre III.)

ART. 590. — Si l'usufruit comprend des bois taillis, l'usufruitier est tenu d'observer l'ordre et la quotité des coupes, *conformément à l'aménagement et à l'usage constant des propriétaires;* sans indemnité toutefois en faveur de l'usufruitier ou de ses héritiers, pour les coupes ordinaires, soit de taillis, soit de baliveaux, soit de futaie, qu'il n'aurait pas faite pendant la jouissance.... — Les arbres qu'on peut tirer d'une pépinière sans la dégrader, ne font aussi partie de l'usufruit qu'à la charge par l'usufruitier *de se conformer aux usages des lieux* pour le remplacement.

ART. 591. — L'usufruitier profite encore, toujours en se conformément aux époques et à *l'usage* des anciens propriétaires, des parties de bois de haute futaie qui ont été mises en coupes réglées, soit que ces coupes se fassent périodiquement sur une certaine étendue de terrain, soit qu'elles se fassent d'une certaine quantités d'arbres pris indistinctement sur toute la surface du domaine.

ART. 593. — L'usufruitier peut prendre, dans les bois, des échalas pour les vignes; il peut aussi prendre sur les arbres, des produits annuels ou périodiques; le tout suivant *l'usage du pays* ou la coutume des propriétaires.

Section I. — Arrondissement de Draguignan

Canton de Draguignan. — Les bois taillis sont généralement en essence de chênes verts. Pour les usufruitiers, comme pour les propriétaires, l'usage est de ne les couper que lorsqu'ils sont âgés de 16 à 20 ans. L'exploitation des coupes commence à la venue de la sève, ou soit vers le milieu de mai, et finit à sa disparition, vers la fin juin.

Aucune pépinière d'arbres fruitiers ou autres n'ayant été soumise, dans ce canton, à un droit d'usufruit, il n'y existe aucun usage pour le remplacement des arbres qu'un usufruitier pourrait en tirer sans la dégrader.

L'article 591 ne saurait recevoir son application dans le canton de Draguignan, parce qu'aucun propriétaire n'y a jamais fait d'aménagement, ni établi des coupes, tels que ceux dont parle cet article : néanmoins, les propriétaires de bois de pins étant dans l'usage de couper ces arbres, lorsqu'ils ont acquis 90 centimètres au moins, de tour, mesurés à 75 centimètres du sol, les usufruitiers de pareils bois pourraient les couper, lorsqu'ils ont acquis cette circonférence, mais jamais avant.

Les échalas ne sont pas usités pour les propriétaires ni, par conséquent, pour les usufruitiers. L'usage attribue à ceux-ci la jouissance *de tous les fruits annuels*. Il leur permet aussi et les oblige même d'émonder les saules, peupliers et autres arbres de même nature.

Canton d'Aups. — Pour les bois mis en tutelle et en coupe réglée, l'usage est de couper les chênes verts à 18 ans et les chênes blancs à 10 ans. Il n'existe aucun usage relativement à toute autre essence d'arbre en taillis. Quant aux arbres de haute futaie, l'usufruitier ne peut jamais les couper au pied à quelque essence qu'ils appartiennent. Il peut seulement émonder les chênes blancs et les pins, afin d'en tirer le bois de chauffage pour son usage. L'usufruitier peut prendre parmi les plants, qui poussent au pied des oliviers, ceux seulement qui épuisent l'arbre, sans que l'arbre puisse jamais être dégradé.

Canton de Callas. — Rien sur ces articles. Le code civil fait la loi.

Canton de Comps. — *Idem.*

Canton de Fayence. — Les bois taillis sont exploités par des coupes ordinaires et réglées de 10 en 10 ans et par ordre de coupes divisées en parcelles, suivant l'importance de la forêt. Cet usage est commun aux usufruitiers et aux propriétaires. Nulle pépinière d'arbres dans le canton. L'usufruitier jouit, comme le propriétaire ou le fermier, du produit des chênes à liège, suivant le bail dont la durée est de 9 ou 12 ans; mais le liège ne peut être enlevé que lorsqu'il a acquis l'épaisseur de 22 millimètres.

Canton de Fréjus. — Pas de bois taillis dans ce canton. Pour les autres bois, on se conforme aux articles 590 et 593.

Canton de Grimaud. — Il n'y a que des bois de pins. qui sont en coupe réglée dans le canton. On met *ordinairement* un intervalle de 8 ans entre deux coupes; mais la véritable règle à suivre est dans l'épaisseur de l'arbre à couper qui est de 0^{m}50

centimètres au moins, mesurés au pied et à la circonférence.
C'est ce qu'on appelle *bois de poids* ou *bois de plage*.. C'est la
plus petite dimension livrée au commerce. Il est très rare qu'on
en livre une inférieure. Dans chaque coupe, on laisse au nombre
de 10 à 12 par hectare des arbres d'une certaine grosseur,
répartis pour entretenir la venue des jeunes arbres dans les
forêts. Ces arbres réservés s'appellent *semenciers*. Pour les arbres de haute futaie, l'usage est conforme aux prescriptions de
l'article 591.

Chênes à liège. — Chaque forêt de chênes à liège est soumise
à une exploitation périodique. Une forêt qui présente une grande
surface peut être exploitée chaque année et aménagée par hui-
tièmes. Un assez grand nombre de propriétaires exploitent tous
les deux ans; la généralité à des intervalles plus éloignés. Il
faut ordinairement 8 ans pour que l'écorce puisse atteindre un
degré d'épaisseur qui la rende propre à la fabrication des bou-
chons. Cette épaisseur est de 2 centimètres 1/2 (12 lignes).
L'usufruitier est tenu de n'enlever que l'écorce qui a au moins
cette épaisseur. Il se rendrait passible de dommages-intérêts,
s'il en enlevait une inférieure à 2 centimètres 1/4.

Son devoir est d'ailleurs conforme à son intérêt bien entendu.

Il devrait être tenu de *démascler* les arbres qui ont 50 ou 40
centimètres de circonférence; de veiller sur les jeunes plants qui
sortent de terre et d'en favoriser la venue et l'accroissement.
Mais dans l'usage, peu d'usufruitiers enlèvent le liège mâle, à
moins qu'ils n'y trouvent leur intérêt, ce qui a lieu dans les
usufruits ou baux de longue durée. S'il y avait quelque inconvénient à charger l'usufruitier du double soin dont on vient de
parler, il devrait être au moins permis au nu-propriétaire de

s'introduire dans le domaine et de s'occuper, sans nuire à l'usufruitier, des travaux à faire pour augmenter les récoltes à venir
du domaine.

Canton de Lorgues. — Les coupes se renouvellent de 15 à
20 ans, selon que le comporte le degré de développement que
prennent les taillis dans cet intervalle.

Canton du Luc. — L'usufruit des bois de pins n'a pas de
règles fixes; ces bois n'étant pas aménagés en coupes périodiques, l'usufruit se borne généralement à l'ébranchage. L'usufruitier des chênes à liège a droit aux glands et à enlever le
liège, quand il a atteint 10 lignes d'épaisseur au moins. Il est
obligé à élaguer et à *démascler* quand besoin est, soit les jeunes
arbres, soit les arbres déjà en produit. Les chênes blancs et les
chênes verts sont aménagés et rentrent dans l'application ordinaire de la loi. La grosseur des baliveaux n'est pas déterminée.
Les coupes s'effectuent généralement à des intervalles variant de
12 à 15 ans. Quant à l'olivier, l'usufruitier doit, en général,
l'émonder tous les deux ou quatre ans; mais il n'y a pas de
règles fixes, les soins à donner à ces arbres devant être différents suivant le terrain où ils sont radiqués et suivant l'espèce.

Canton de Salernes. — On se conforme aux prescriptions
du code civil.

Canton de Saint-Tropez. — *Idem.*

SECTION II. — **Arrondissement de Brignoles**

Canton de Brignoles. — Les bois taillis y sont coupés, suivant la fertilité et l'exposition du sol qui les porte, lorsqu'ils ont

de 10 à 12 ans pour les chênes blancs et de 15 à 18 ans pour les chênes verts.

Les vignes n'ayant pas besoin d'être soutenues par des échalas (1), la jouissance de l'usufruitier ne porte donc pas sur cet article; mais il est d'usage qu'il émonde à son profit les arbres et les peupliers sur les bords des rivières et ruisseaux; qu'il cueille les glands dans les forêts; qu'il ramasse le bois mort et le fasse tomber des arbres de haute futaie.

Canton de Barjols. — Les bois taillis en chênes blancs ne se coupent que de 10 en 10 ans avec réserve de baliveaux, dont le nombre varie suivant que le bois est plus ou moins agrégé d'arbres. Les taillis en chênes verts se coupent, en général, tous les 15 ans, mais sans réserve de baliveaux. L'usufruitier jouit aussi des défrichements, conformément à l'usage du pro-priétaire.

La pratique des échalas est à peu près inusitée dans le canton.

On taille les osiers tous les ans; les peupliers tous les 2 ans, et les saules tous les 5 ans environ.

Canton de Besse. — Pour l'exploitation des bois taillis et des bois de haute futaie, on suit les règles établies par le régime forestier, tant pour l'usufruitier que pour le nu-propriétaire. Point de pépinière, ni par conséquent d'usage qui s'y rapporte. Le mûrier et l'olivier sont taillés, le premier selon son âge et le deuxième après chaque bonne récolte d'olives. Les arbres frui-

---

(1) L'introduction et les procédés de culture des cépages américains sembleraient devoir faire décider que l'usufruitier peut emprunter aux bois, dont il jouit, les échalas néces-saires pour soutenir les nouvelles vignes, sans excéder les bornes de ses droits.

tiers sont taillés selon les goûts et les connaissances en horti-
culture des propriétaires.

Canton de Cotignac. — Il n'y a, dans ce canton, que des
chênes verts. Les bois communaux se coupent à l'âge de 20 ans,
ceux des particuliers à 16. Cette époque même est devancée
selon que les bois sont placés au nord ou au midi; mais si elle
l'est impunément par les propriétaires, il n'en est pas de même
pour les usufruitiers, qui alors s'exposent à des poursuites en
dommages-intérêts. L'exploitation commence à la fin de mai et
se termine *quand la sève disparait, environ 40 jours*. L'usufruitier ne peut tirer aucun plan d'olivier pour être transporté
ailleurs que dans la propriété dont il a l'usufruit. Il ne peut
profiter d'un arbre mort *sans l'avis* du nu-propriétaire. S'il le
remplace par un gland nouveau, il peut alors arracher le vieux
et en profiter. Il n'y a pas de hautes futaies dans le canton. Les
quelques arbres de ce genre qui s'y trouvent ne peuvent être
coupés par l'usufruitier, et quand ils meurent, le bois appartient
au nu-propriétaire, ces arbres ne pouvant que fort rarement être
remplacés par l'homme, tels sont les pins et les chênes blancs,
arbres fort rares dans le canton. Point d'échalas. Les usufruitiers sont tenus de faire émonder à leur profit les saules, peupliers et autres arbres de même nature, qui croissent le long
des rivières et des ruisseaux.

Canton de Saint-Maximin. — On se conforme à l'ordre et à
la quotité des coupes d'après l'aménagement établi. Échalas non
usités dans le canton.

Canton de Rians. — Les bois taillis, chênes blancs, se coupent à l'âge de 8 ans ; les taillis en chênes verts à 16. Si ces

époques étaient devancées ou *retardées* par l'usufruitier, il s'exposerait à des dommages-intérêts. Les coupes ne *peuvent être commencées avant le 1er octobre* et elles doivent être *terminées avant le 15 avril*. En cela, l'usage est conforme au règlement du 28 août 1816, art. 18. Le canton de Rians étant rapproché des Alpes et exposé au froid, le peu de pépinières qui s'y trouvent ne sont jamais renouvelées une fois parvenues à leur maturité. Les sujets qui les composent sont enlevés, et transplantés, mais ne sont pas remplacés. Le terrain est mis en culture et semé en céréales. Les arbres que l'usufruitier pourrait en avoir tirés doivent être plantés dans le fonds dont il jouit.

Il n'y a pas dans le cantons de hautes futaies en coupes réglées. L'usufruitier ne peut donc couper aucun de ces arbres, alors même que le propriétaire couperait lui-même toutes les années, sous quelque motif que ce soit, ce fait ne pouvant être considéré comme une exploitation régulière, d'après un arrêt de cassation du 14 mars 1837. Il ne peut prendre dans les bois taillis des échalas pour les vignes, si ce n'est dans les parties non montantes ou tiges-mères de ces taillis. Il est autorisé et même obligé à émonder les saules, peupliers et autres arbres du même genre qui croissent le long des rivières.

Canton de Roquebrussanne. — Les bois taillis dans ce canton sont en chênes verts ou en chênes blancs ou mélangés de ces deux essences. Chênes blancs, on les coupe tous les 10 à 12 ans; chênes verts, tous les 16 à 18 ans. Mélangés, tous les 14 à 16 ans, selon que l'une de ces deux essences domine. Les coupes de pins de haute futaie (on n'en voit plus que quelques-uns, disséminés de loin en loin sur les mamelons des montagnes) se font tous les 35 à 40 ans. Les chênes blancs en réserve, les autres arbres de haute futaie, dispersés sur les bords des rivières et des forêts, ou épars sur d'autres points, sauf les peupliers que l'on coupe à l'âge de 25 à 30 ans, et les pins qui se trouvent dans les taillis, (lesquels se coupent à 20 ans), ne peuvent être abattus que parvenus à l'âge de 50 ans et plus. L'usage des échalas n'existe pas. Les fruits ne peuvent être cueillis qu'à leur maturité.

Canton de Tavernes. — Les bois taillis en chênes verts se coupent tous les 15 ans, en chênes blancs tous les 10 ans. L'usufruitier-jouit de tous les fruits annuels. Il peut prendre des échalas, des bois de charpente pour faire les réparations nécessaires à son habitation, du bois de chauffage au moyen du bois mort, mort-bois ou châblis, ou même du bois vert, en élaguant les arbres de haute futaie, pourvu qu'il n'emploie le bois qu'à son usage personnel. Il peut aussi faire des fascines, en coupant des ramilles.

SECTION III. — **Arrondissement de Grasse**

Canton de Grasse. — Aucun usage particulier réglant l'usufruit des bois.

Canton de Saint-Auban. — Idem.

Canton d'Antibes. — Idem.

Canton du Bar. — Rien à signaler pour les bois de haute futaie; mais pour les bois taillis la coupe se fait périodiquement à des intervalles de 15, 20 et 25 ans, suivant le degré de croissance des arbres.

Canton de Cannes. — Les propriétaires des bois de pins retirent de ces arbres un produit périodique par la taille et l'ébranchement. Cette période est de 5 ans. L'ébranchement se fait dans les conditions suivantes : on doit laisser quatre rangs de branches et la tige. Les broussailles, qui couvrent le sol de la forêt, sont enlevées à cette époque et font partie des produits périodiques. Les chênes lièges donnent, en les écorçant, un produit qui se renouvelle tous les 9 ans. Pas de bois taillis.

Canton de Coursegoules. — Point de bois taillis, partant point d'usage y relatif. L'usufruitier n'a droit qu'aux fruits, feuilles et bois mort des arbres, sans pouvoir y prendre d'autre bois que celui de l'élagage, quand ils en ont besoin.

Canton de Vence. — Pas de hautes futaies dans ce canton, ce nom ne pouvant guère être donné qu'à des arbres qui ont cent ans d'existence; pas d'usage dès lors qui y soit relatif. Les bois taillis se coupent à des intervalles plus ou moins longs, suivant le degré et croissance des arbres. L'usage, à cet égard, est la coutume du propriétaire. L'usufruitier jouit, conformément à la loi, des produits annuels, ou périodiques que le sol et les arbres peuvent fournir.

Section IV. — Arrondissement de Toulon

Canton de Toulon. — Il n'existe ni bois ni forêts, affectés soit d'un usufruit, soit d'un usage spécial des habitants.

Canton du Beausset. — L'usufruitier peut faire couper les chênes verts tous les 14 ans, les chênes blancs tous les 12 ans, les pins, lorsqu'ils ont acquis un pourtour de 75 centimètres, soit 25 centimètres de diamètre. Il afferme ces derniers, pour en faire extraire la poix, et quand ils sont cassés il les fait couper. Usages particuliers aux habitants du Beausset et de la Cadière pour les bois de leur territoire. Lorsqu'une *carraire* est située entre une terre *gaste* et un bois taillis, elle est censée appartenir au propriétaire de la terre gaste, et lui seul a droit de disposer des arbres qui y croissent. Les bois taillis, *clos* d'ordinaire, ne doivent pas dépasser leur clôture.

Canton de Collobrières. — Néant.

Canton de Cuers. — Pas d'aménagement connu à indiquer pour les bois taillis. Les propriétaires n'y font que des coupes partielles sur leur appréciation personnelle de l'opportunité. Dans cette contrée, essentiellement viticole, on n'emploie pas des échalas pour les ceps.

Canton d'Hyères. — Les coupes n'ont lieu dans les forêts qu'à des intervalles de dix ans. On y laisse, de distance en distance, de gros pins dits *semenciers,* afin que les cônes de ces arbres que les vents détachent et répandent dans les forêts, produisent de nouveaux sujets. Pendant l'hiver, les propriétaires permettent le glanage du petit bois.

Canton d'Ollioules. — Peu de bois dans ce canton, et point vastes. A vrai dire, ce ne sont que des parcelles. Ils sont en essence de pins. On les coupe tous les 12 à 13 ans, en ayant soin de laisser les jeunes sujets que *la main peut à peine embrasser,* et en laissant aussi à chaque vingt mètres de distance un arbre reproducteur. L'usufruitier jouit de la tonte annuelle des saules et osiers et de l'écorce des chênes lièges, qu'on enlève tous les 7 ans, en se conformant aux époques où les propriétaires le faisaient eux-mêmes. Il peut disposer des arbres mis en pépinière, mais à la charge de les remplacer; c'est-à-dire, qu'il est obligé de créer une nouvelle ligne de plants , pour remplacer la ligne enlevée. L'usage des échalas n'existe pas dans le canton. Mais l'usufruitier peut y prendre des piquets et des barres pour les besoins de l'exploitation. Les arbres fruitiers qui poussent, ceux qui sont arrachés ou brisés par accident appartiennent à l'usufruitier, à la charge de les remplacer. Dans le cas contraire, les bois de ces arbres appartiennent *aux héritiers.*

Canton de Solliès-Pont. — Néant.

CHAPITRE II

DE LA JOUISSANCE DES EAUX COURANTES

(Code civil articles 644-645.)

ART. 644. — Celui dont la propriété borde une eau courante, autre que celle qui est déclarée dépendance du domaine public par l'article 558, au titre *de la distinction des biens,* peut s'en servir à son passage pour l'irrigation de ses propriétés. Celui dont cette eau traverse l'héritage peut même en user dans l'intervalle qu'elle y parcourt, mais à la charge de la rendre, à la sortie de son fond, à son cours ordinaire.

ART. 645.—S'il s'élève une contestation entre les propriétaires auxquels ces eaux peuvent être utiles, les tribunaux, en prononçant, doivent concilier l'intérêt de l'agriculture avec le respect dû à la propriété, et *dans tous les cas, les règlements particuliers et locaux sur le cours et l'usage des eaux doivent être observés.*

SECTION I. — **Arrondissement de Draguignan**

Canton de Draguignan. — Point de règlement général sur le mode d'irrigation à suivre par ceux dont une eau courante borde ou traverse les fonds; mais divers règlements particuliers sur l'usage de certains cours d'eau, homologués pour la plupart par la Chambre des eaux et forêts du 'Parlement, qui avait dans les mains, l'autorité judiciaire et administrative, en pareille matière. Ces règlements spéciaux à telle ou telle commune ne font guère que déterminer les fonds arrosables par certains cours d'eau, la saison, le jour et l'heure des arrosages. Peu de ces règles d'intérêt général, relatives à l'aménagement des eaux qui peuvent les rendre utiles à consulter et servir de matériaux pour la confection du code rural. Ce qu'il y a de plus saillant sous ce rapport, c'est le soin avec lequel ils cherchent à concilier deux ordres d'intérêts rivaux, celui des champs et celui des usines. Cette sollicitude s'exprime par des dispositions particulières appropriées aux besoins des diverses localités et qui ne sont pas susceptibles de se résumer dans quelque prescription générale applicable à toute la France.

En l'absence de tout règlement général ou particulier, les dispositions des articles 644 et 645 sont observés.

Canton d'Aups. — Néant.

Canton de Callas. — Idem.

Canton de Comps. — Idem.

Canton de Fayence. — Il y a des règlements administratifs pour l'usage des eaux, et quant aux eaux perdues, à défaut de règlement, elles appartiennent *primo occupanti*.

Canton de Fréjus. — Les seules eaux courantes du canton sont celles d'Argens, d'Indre et Nartuby. Bagnols seul possède des sources d'eau vives, qui servent à l'irrigation des propriétés. On ne parle pas ici des torrents qui sont secs l'été et qui dévastent en hiver un grand nombre de propriétés.

Canton de Grimaud. — Il n'existe presque pas d'eaux courantes dans ce canton. Les cours d'eau qui le sillonnent sont presque tous à sec pendant six mois de l'année. Les usagers des rares filets d'eau, qui servent à l'arrosage, jouissent conformément au règlement fait par le père de famille dans l'acte de partage.

Canton de Lorgues. — Il existe dans toutes les communes du canton des règlements particuliers et locaux pour l'usage des eaux courantes servant à l'arrosage des propriétés. Ce qu'il y a de remarquable dans la distribution de ces eaux, c'est l'absence de tout titre en vertu duquel les propriétaires en ont acquis l'usage. Ces règlements se renouvellent de loin en loin, lorsque les communes changent les heures d'arrosage pour la commodité des propriétaires.

Canton du Luc. — Le Cannet et Vidauban ont chacun un règlement satisfaisant et dont l'exécution ne présente pas de difficultés. Au Luc, il n'en est pas de même : certains quartiers ont un règlement d'eau et disposent d'une quantité plus grande qu'il n'est nécessaire. L'autre partie est soumise à un usage, le plus mauvais de ceux qu'on pourrait appliquer. La masse d'eau se divise, une première fois en diverses branches, qui distribuent une quantité d'eau censée proportionnelle aux quartiers qu'elles doivent alimenter. Puis surviennent une seconde et une

troisième division. Quand l'eau arrive aux fonds arrosables, il
en reste à peine un mince filet à chacun, sans force et insuffisant
pour arroser les terres. Entre les propriétaires ayant droit à ces
subdivisions, aucun ne pouvant plus arroser les propriétés, à
cause de la pénurie des eaux, il en résulte qu'il s'en trouve qui
vont, dans la nuit, détourner des eaux qui ne leur sont point
dévolues. Alors, souvent des coups, et quelquefois des procès.
Inutile d'ajouter qu'à la suite de ces voies de fait, on arrose mal
ou pas du tout. On a voulu, il y a quelques années, établir un
règlement. Ce travail fait avec peu d'attention et d'impartialité,
a produit un règlement inapplicable. Le meilleur mode à suivre
serait de nommer des *Aygaliers.* Ces hommes, disposant d'une
masse d'eau plus considérable, arroseraient plus promptement
et sans perte d'eau, l'irrigation pourrait s'étendre à une plus
grande surface de terrain. Ce moyen serait même le seul applicable dans une commune où la quantité d'eau varie et provient
de sources inégales, suivant les saisons, qui naissent dans
l'intérieur de l'habitation.

Canton de Salernes. — On suit les prescriptions du code
civil.

Canton de Saint-Tropez. — Idem.

SECTION II. — Arrondissement de Brignoles

Canton de Brignoles. — L'usage des eaux courantes est,
presque partout dans ce canton, fixé par des règlements particuliers Cependant, il y a des localités où il n'en existe point.
Alors, il est convenu entre tous les propriétaires que les terres,
les plus voisines de la source ou du canal, qui porte les eaux,

sont arrosées les premières, et ainsi de suite des unes aux autres. Dans quelques-unes, elles sont le prix du propriétaire le
plus matinal ou qui, le premier, a détourné les eaux dans son
fonds. L'usage a consacré cet abus. De là souvent des rixes,
pendant lesquelles les eaux s'écoulent inutilement.

Canton de Barjols. — Les eaux courantes sont, en général,
réglées entre les usagers par volume ou par temps. Un trou
rond, pratiqué dans une martelière, appelée *tête de chat*, parce
qu'il en a à peu près le diamètre, en règle le volume. Quand
elles sont *réglées par temps,* ce qui est le plus usuel, c'est au
moyen de pierres à rainures, établies sur le canal commun,
entre lesquelles on place une vanne mobile. Elles ne le sont
alors que pour le temps pendant lequel les eaux sont nécessaires à l'arrosage des propriétés. A Barjols, les arrosements
se font du 25 mars au 8 septembre. A Varages, du 1er mars au
30 septembre. En d'autres lieux, du 2 février au 31 octobre. Ce
terme passé, les eaux sont utilisées par les usines co-usagères.

Celui dont la propriété est bordée ou traversée par une eau
courante ne peut s'en servir, ni la détourner de son cours au
préjudice des co-usagers à qui elle appartient, s'il n'est pas de
ceux à qui les eaux sont attribuées par le règlement.

Les co-usagers ont sur les eaux un droit de suite, c'est-à-dire
le droit de passer sur l'une ou l'autre berge du canal, sous
l'obligation de faire enlever les terres ou immondices provenant
du curage là où elles peuvent embarrasser le passage ou nuire
au propriétaire voisin. (Voir Dubreuil, *Législation sur les eaux,*
pages 159 et 170). Les berges sont soumises au *terre-jet.*

La jouissance commune d'un cours d'eau entraîne l'obligation
de supporter en commun les frais du curage, opération qui se

fait ordinairement sous la direction et la surveillance de syndics nommés à cet effet. Ces syndics sont aussi chargés de faire procéder aux réparations du canal Ils soutiennent ou ils intentent les procès que la communauté des usagers peut avoir contre un de ses membres ou tout autre. Il est pourtant des lieux où chaque propriétaire fait curer la partie du canal qui borde son héritage.

Une même propriété ne peut avoir sur le canal commun qu'une seule prise d'eau, à moins qu'elle ne puisse être arrosée par la même prise.

Le juge de paix de Barjols voudrait voir établir dans son canton une coutume de celui de Tourves, où le seuil de chaque prise est à *fleur d'eau*, comme on dit, ou soit au niveau du courant, pris lorsque les eaux ne sont ni les plus hautes, ni les plus basses; au moyen de quoi, quand on enlève la vanne placée en travers du canal commun pour l'introduire dans une nouvelle propriété, l'eau ne peut plus entrer dans la propriété déjà arrosée.

A Barjols, toutes les prises sont à *niveau du plafond* du canal, ce qui soumet les propriétaires inférieurs à la pénible nécessité de calfeutrer avec de la terre ou du gazon les prises supérieures et leur cause souvent une grande perte de temps, s'ils ne veulent pas être privés d'une partie notable de leurs eaux qui s'échappent plus ou moins par chacune de ces prises.

Lorsqu'un des riverains cède son droit à l'un des autres co-usagers, l'eau doit toujours être rendue devant la prise du propriétaire, qui y a droit immédiatement après lui, à l'heure qui lui est assignée par le règlement, afin qu'il ne puisse en éprouver aucun préjudice.

Canton de Besse. — Point d'eaux courantes dépendantes du

domaine public. Différents modes d'irrigation. Ainsi à Cabasse, Flassans, Gonfaron et Pignans, il existe des règlements entre les propriétaires riverains et les propriétaires d'usine, approuvés par l'autorité administrative, d'après lesquels les propriétaires usent des eaux dans la saison d'été, de telle sorte que ceux qui en ont usé pendant le jour d'une heure à deux, en 1850 par exemple, en useront pendant la nuit à la même heure en 1851.

Ces règlements ne sont suivis que pendant l'été. En hiver, les eaux sont très abondantes, et les propriétaires n'arrosent pas leurs prairies.

A Besse, les terres arrosables sont divisées en deux parties, celles en dessus du Lac et celles en dessous. Les eaux dérivées de l'Issole, par un barrage établi sur cette rivière vers la ligne divisoire des territoires de Sainte-Anastasie et de Besse, arrosent d'abord les terres au-dessus du Lac. Elles y sont amenées par un canal qui traverse la plaine, viennent mettre en jeu les moulins à farine de la commune et tombent dans le lac, d'où les eaux exubérantes s'échappent par un canal de fuite et vont arroser les terres au-dessous du Lac et du village. En dessus comme en dessous du Lac, l'usage des eaux a lieu d'une manière presque arbitraire et alimente cet esprit de haine et de jalousie que règne entre les arrosants.

Les moulins de la commune et ceux des particuliers ont droit aux eaux pendant des heures déterminées. Ensuite les propriétaires en usent de telle sorte que le premier arrosant, ou soit le plus rapproché du barrage, peut arroser toute sa terre, sans qu'il y ait urgence, au détriment du second et autres qui voient les plantes dépérir dans leurs fonds, et le dernier peut, à son tour, user de l'eau jusqu'à ce que toute la terre soit arrosée. En temps de sécheresse, les terres supérieures au lac absorbent toute l'eau; il n'en tombe plus dans le lac qui, cessant d'être alimenté, n'a plus cette exubérance d'eau nécessaire à l'arrosement des terres inférieures. Chaque année, le conseil municipal désigne un distributeur des eaux qui reçoit deux francs par jour des propriétaires, *au prorata* de la superficie de terrain que chacun d'eux a arrosée. Ce distributeur ne doit livrer les eaux qu'à ceux qui sont présents à leur prise. En cas d'absence. elles sont livrées au subséquent et l'absent ne peut plus arroser, jusqu'à ce que son tour revienne. Les canaux d'irrigation sont entretenus aux frais des coarrosants. Chaque arrosant doit entretenir le *confront* du canal, et s'ils s'y refusent, MM. les Maires font faire le curage aux frais de ceux qui ont refusé d'obéir.

Canton de Cotignac. — Toutes les communes de ce canton ont des rivières pour l'arrosage des terres et la mise en jeu des usines. L'usage des eaux n'y donne pas lieu à des procès. Il faut donc croire que ces cours d'eau sont passablement bien réglés et que les riverains usent des eaux sans abus. Ils s'en servent généralement sans permission, à moins qu'ils ne portassent préjudice à des propriétaires qui ont, en leur faveur, le titre ou la prescription.

Canton de Saint-Maximin. — Sauf quelques exceptions, il n'y a que St-Zacharie, dans le canton, où les propriétaires se servent des eaux courantes pour arroser leurs terres. La jouissance des eaux est fixée par des règlemeuts administratifs. Le curage, les réparations et l'entretien des canaux d'irrigation sont à la charge des propriétaires intéressés dans la proportion des droits de chacun.

Canton de Rians. — Il n'existe dans ce canton aucun règlement général sur le mode d'irrigation à suivre par ceux dont une eau courante borde ou traverse les héritages, mais des règlements particuliers qu'ils suivent exactement et qui leur servent de titres. A défaut de règlements particuliers, il est d'un usage constant que le propriétaire riverain d'un seul côté n'a que la faculté de prendre l'eau pour l'irrigation de son fonds, tandis que celui des deux bords peut en changer la direction, pourvu qu'à la sortie de son fonds il la rende à son cours naturel. L'un et l'autre peuvent user, mais non abuser de l'eau, et ils n'ont pas besoin de permission pour établir des prises, à moins que des tiers n'aient acquis des droits particuliers et exclusifs par titres ou par prescription.

Canton de Roquebrussanne. — Les eaux courantes, non dépendantes du domaine public, sont, en général, utilisées soit pour l'irrigation, soit pour mettre en mouvement des usines. Elles servent quelquefois à ces deux genres d'emploi. L'usage de ces eaux est déterminé par des règlements écrits, déposés dans les archives des mairies, ou par des transactions privées entre propriétaires, ou simplement par la tradition, ou par des actes administratifs. Ces règlements et usages se révèlent, en outre, par les barrages établis sur le lit des rivières ou cours d'eau, les canaux de dérivation ou de distribution des eaux par ces canaux mêmes établis sur les propriétés *co-usantes*. La distribution ou répartition des eaux est communément faite par jour et par heures. Dans les localités où les eaux sont très abondantes, ou d'un cours irrégulier, elles appartiennent au premier occupant, sans règlement fixe.

Canton de Tavernes. — Rien de spécial à signaler.

SECTION III. — Arrondissement de Grasse

Canton de Grasse. — Il n'existe à Grasse qu'une seule source qui alimente toutes les usines et sert à l'irrigation des terres. L'usage en a été réglé par des règlements écrits qui remontent au 12ᵉ sièle. Ces règlements ont donné lieu à quelques contestations, mais toujours ils ont été maintenus dans leur action par des arrêts du Parlement, des jugements du tribunal et des arrêts de la Cour d'appel. Il y a encore la *Siagne* qui coule sur une des limites du canton, mais l'autorité administrative a réglé l'usage de ses eaux.

Canton d'Antibes. — Pas de cours d'eau sur son territoire.

Canton de Sainè-Auban. — Pas de règlement particulier.

Canton du Bar. — Pas d'usages locaux pour les eaux courantes.

Canton de Cannès. — Idem.

Canton de Coursegoules. — L'eau appartient d'abord au premier occupant, pour l'irrigation de son terrain, puis au propriétaire inférieur et ainsi de suite, sans qu'elle puisse être divertie à un autre usage.

Canton de Saint-Vallier. — Rien à signaler.

Canton de Vence. — Dans maintes localités, il existe des règlements qui fixent le temps et le mode de jouissance; mais là où il n'y en a pas, il est d'usage que chaque particulier ne doit arroser que par tour de rôle, en suivant l'ordre des propriétés qui ont droit aux eaux, et que celui qui a laissé passer son tour ne doit plus prendre les eaux qu'à son nouveau tour.

SECTION IV. — **Arrondissement de Toulon**

Canton de Toulon. — Il existe seulement dans les deux cantons deux cours d'eau publique, l'un à la Valette, l'autre au Revest, soumis à des règlements particuliers qui déterminent les heures d'arrosage dévolues aux riverains.

Canton du Beausset. — Les eaux courantes sont à l'usage de tous les propriétaires riverains. Dans la commune de Signes, où il existe un règlement particulier, la jouissance des eaux est déterminée par le volume d'eau et par l'espace de temps qu'on peut le conserver. Les riverains sont tenus de l'entretien et réparation des rives, gerbées, etc., mais cet entretien concerne le propriétaire et nullement le fermier de la propriété. La ligne divisoire des deux propriétés, séparées par un cours d'eau, est le milieu du fil de l'eau et elle en suit toutes les sinuosités. Les herbes qui croissent sur les rives ou dans le cours du ruisseau, appartiennent au fermier, qui peut les employer comme fourrage ou comme litière pour en faire des engrais. .

Canton de Collobrières. — Rien à signaler.

Canton de Cuers. — Il n'y a guère, dans le canton, d'autres eaux courantes que quelques sources servant à l'irrigation des propriétés et au mouvement des usines. L'usage de ces eaux, pour chaque source en particulier, est établi par des règlements dùment sanctionnés, qni font la loi des parties.

Canton d'Hyères. — Les eaux du Gappeau et du torrent dit

le *Réal-Martin*, qui arrosent une portion du territoire d'Hyères, étant soumises aux règles de la grande voirie (loi du 29 floréal an X), les contestations qui peuvent s'élever sont traitées administrativement. Les riverains d'un cours d'eau privé ont la faculté d'y établir des pompes appelées *Seguignes* pour l'irrigation de leurs fonds. Ils n'ont pas à se préoccuper si la prise d'eau nuit à ses inférieurs. Outre ce mode d irrigation, qui est le plus ancien, il y a celui du barrage, au moyen de planches ou martelières; mais celui qui l'emploie doit rendre les eaux à leurs cours sans les diviser, si ce n'est pour son utilité et sans en mésuser. L'établissement des puisards, dits *Norias* a fait invasion dans le territoire d'Hyères. L'usage veut qu'on creuse le puisard et qu'on établisse la *noria* à 6 mètres du cours d'eau qui l'alimente.

Canton d'Ollioules. — Le canton n'a que très peu d'eau courante, et la plupart de ces petits cours d'eau tarissent au commencement de l'été. Les riverains ont le droit de s'en servir à leur passage sans établir de nouvelles œuvres et en rendant ensuite l'eau à son cours naturel.

Ollioules possède seul plusieurs sources abondantes, qui réunies au peu d'eau de la rivière par des barrages et canalisées ensuite, servent à mouvoir des moulins à huile et à farine et à l'irrigation d'un grand nombre de jardins potagers. Celui, sur le fonds duquel coulent des eaux pluviales, a le droit d'en disposer sans être obligé de les rendre à leur cours.

Canton de Solliès-Pont. — Les eaux d'arrosage sont abondantes dans ce canton. Elles sont d'abord divisées par quartiers et syndiquées ensuite par heures entre les usagers du même

quartier, au marc le franc de la contenance de leurs fonds.
Quand un propriétaire ne s'en sert pas, aux heures où elles lui
appartiennent, il les laisse dans le canal du quartier et elles
deviennent la propriété de l'inférieur, qui s'en empare le premier. Ainsi des eaux d'égout et de celles des eaux courantes dis-
continues qu'on appelle *eaux d'orages*, par opposition aux
premières qu'on appelle *eaux réglées*.

La police des quartiers appartient aux syndics, qui perçoivent
par eux ou par un agent les cotisations votées par l'assemblée
générale des propriétaires, tenue sous la présidence du Maire,
et disposent du produit de ces cotisations pour l'entretien des
canaux, barrages et autres besoins du quartier.

CHAPITRE III

DU BORNAGE

(ART. 646 du Code civil.) — Tout propriétaire peut obliger son voisin
au bornage de leurs propriétés. Le bornage se fait à frais communs.

Le bornage a pour but de fixer d'une manière certaine les
limites qui séparent deux héritages contigus, afin de bien constater le point où chacun d'eux commence et finit. Il a pour conséquence de faire cesser l'incertitude et la confusion des limites
entre propriétaires voisins et d'arrêter un grand nombre de
difficultés et de procès. Les bornes empruntaient chez les anciens
un caractère sacré, et le code pénal (art. 456) a édicté l'empri-
sonnement contre ceux qui auront déplacé ou supprimé des
bornes.

Le bornage ne peut avoir lieu qu'entre propriétés contiguës, qui ne sont point séparées par un mur continu, ou par une haie vive, ou par des fossés, soit que la haie ou le fossé soient mitoyens, soit qu'ils fassent partie de l'un ou de l'autre de ces deux fonds.

Aucun mode d'effectuer le bornage n'étant indiqué par le code civil, il faut s'en référer implicitement sur ce point aux usages locaux.

A cet égard, il nous suffira de mentionner les procédés de bornage les plus usités dans le département du Var et dans l'arrondissement de Grasse, sans attribuer à chaque canton des modes particuliers.

Généralement pour borner deux propriétés, on place de distance en distance, sur la limite des deux fonds à délimiter, des pierres allongées (1), dont partie est enfouie dans le sol, et partie fait saillie au dehors. Au-dessous de ces pierres, on place une brique brisée avec soin en trois ou quatre morceaux, qui doivent se rajuster entre eux. Ces morceaux sont les témoins indispensables de la borne; le droit français les appelle *garants, perdriaux, filleules;* en Provence, on les nomme *agachons.* On met aussi quelquefois du charbon sous la pierre, cette matière ne se détériorant pas sous terre.

Bomy, dans son *Recueil de quelques coutumes de Provence,* publié en 1665, indique cet usage en l'entourant des explications les plus minutieuses : » Pour faire un terme il faut, dit-il, trois « pierres, la grande est terminale, et deux *agachons* pour le « moins, et ne suffirait que ladite pierre terminale fût accom-

(1) Pierres dures, brutes en général, mais mieux voudrait qu'elles fussent taillées.

4

« pagnée d'un seul agachon; car, comme un seul témoin ne
« vérifie rien en justice (c'était là un axiôme de droit ancien,
« *testis unus, testis nullus*), de même un seul *agachon* n'est
« bastant pour vérifier qu'elle soit terme.

« Les *agachons* sont appelés de ce nom, d'autant qu'entre
« deux limites parties ou confins, ils sont regardant un autre
« terme qui est directement placé à l'opposite.

« Les *agachons*, appliqués 'sous terre, aux côtés de ladite
« grande pierre, ne vérifieront que celle-ci est terme qu'à la
« condition qu'ils soient frères, bien accordants, loyaux et véri-
« tables, c'est-à-dire, lorsque étant tous partis d'une même
« pierre brisée en autant de parts qu'il y a d'agachons ils se
« joignent, accordent et accolent chacun sur la jointure de sa
« rupture, en sorte que cela fait voir à l'œil qu'ils ont été autre-
« fois unis et n'ont fait qu'un même corps avant leur brisement.

« Les *agachons* doivent avoir leur point de rupture en bas,
« aux côtés du terme, de peur qu'arrivant le cas qu'il fallut à
« l'avenir déchausser le terme, pour icelui reconnaître et véri-
« fier on offensât et brisât ladite rupture qui donne foi et créance
« aux agachons. »

On fait quelquefois une croix à l'extrémité de la borne, pour
indiquer la direction des lignes divisoires.

Dans quelques cantons, on emploie d'autres signes de bor-
nages. Ce sont les croix sur les rochers, usitées surtout pour
les délimations des forêts, les murailles, les vestiges de murs,
les rives, les fossés, les doubles rangées d'arbres ou de vignes,
les bancs de rochers, les tertres, les rivières, *vallats*, et ravins,
les pieds corniers, les eaux pendantes sur les collines ou les
crêtes, et même les amas de cailloux, ou de pierres extraites

des fonds contigus, désignés sous le nom de *clapiers*, qui sont généralement mitoyens et servent de bornes.

Il serait utile, pour donner plus de sécurité au bornage, de de faire dresser par le juge de paix, par le notaire, ou par un homme de l'art, un procès-verbal constatant les opérations qui ont eu lieu, et indiquant la distance à laquelle les bornes ont été placées les unes des autres. Un croquis, annexé à l'acte ou au jugement de bornage, serait encore le plus sûr moyen de prévenir toutes difficultés à l'avenir.

Il est surtout essentiel de bien déterminer, autant que possible, le gisement de chaque terme, au moyen de plusieurs points de repère, pris dans les environs et dont les distances doivent être mesurées exactement, de telle sorte que si, par un évènement imprévu, les termes venaient à disparaître, on pût retrouver d'une manière certaine leur véritable position, d'après les indications du procès-verbal.

CHAPITRE IV

DE LA CLOTURE DANS LES VILLES ET FAUBOURGS

(Art. 663 du Code civil.)

ART. 663. — Chacun peut contraindre son voisin, dans les villes et faubourgs (1), à contribuer aux constructions et réparations de la clôture, faisant séparation de leurs maisons, cours et jardins assis esdites villes et faubourg : la hauteur de la clôture sera fixée *suivant les règlements ou les usages constants reconnus;* et, à défaut d'usages et de règlements, tout mur de séparation entre voisins, qui sera construit ou rétabli à l'avenir doit avoir au moins trente-deux décimètres (dix pieds) de hauteur, compris le chaperon, dans les villes de cinquante mille âmes et au-dessus, et vingt-six décimètres (huit pieds) dans les autres.

(1) Qu'entend-on par *villes* ? Les circonstances , les usages peuvent aider à décider la question. C'est à l'autorité administrative , par ses arrêtés , à déterminer quels endroits constituent une ville ou un faubourg.— Il a été jugé que le mot de ville, dans son accep-tion usuelle et commune , emporte l'idée d'une population agglomérée , d'une certaine importance, à laquelle sont réunis des établissements publics, dans l'intérêt de l'association générale et des besoins civils et commerciaux des habitants.— En ce qui concerne les fau-bourgs , les plans d'une ville et le cadastre peuvent fournir des renseignements très utiles pour en déterminer l'étendue et faire décider le point où ils s'arrêtent.

Les faubourgs consistent dans la continuité des maisons et de leurs dépendances, en de-hors des barrières d'une ville, (Cour de Limoges , 26 mai 1838). Au reste, sur cette ques-tion, les juges ont un pouvoir souverain et leur appréciation échappe à la censure de la Cour suprême (Cour de cassation, arrêt du 10 mars 1829. Dalloz, 1829, I, 173.

Section I. — Arrondissement de Draguignan

Canton de Draguignan. — L'usage y est conforme aux prescriptions de la loi.

Canton d'Aups. — Idem.

Canton de Callas. — Même solution.

Canton de Comps. — Idem.

Canton de Fayence. — Pas d'usage local.

Canton de Fréjus — Deux mètres d'élévation seulement au lieu de 2 mètres 60 centimètres.

Canton de Grimaud. — On y suit les prescriptions du code civil.

Canton de Lorgues. — L'usage n'y exige que 25 décimètres de hauteur pour les murs de clôture. Quelqu'insignifiante que soit cette différence, nous croyons devoir la signaler.

Canton du Luc. — Deux mètres de hauteur.

Canton de Salernes. Prescriptions du code civil.

Canton de Saint-Tropez. — Idem.

Section II. — Arrondissement de Brignoles

Canton de Brignoles. — Les murs de clôture des cours et jardins sont de 2m50 de hauteur. Dans les petits villages, la séparation n'a lieu qu'au moyen de haies vives.

Canton de Barjols. — La hauteur des murs de clôture entre

maisons, cours et jardins est de 2^{m}50 (10 pans), sans distinction de la population. Telle a toujours été d'ailleurs la coutume
de la Provence, ainsi que cela est attesté par Bomy, Dubreuil,
Cappeau. L'épaisseur du mur n'est pas aussi généralement
fixée. Ells doit être proportionnée à la hauteur et à la charge
qu'il est destiné à supporter. L'usage le plus suivi est de lui
donner trente-sept centimètres (1 pan 1/2 suivant l'ancienne
mesure locale).

Assez souvent la clôture entre jardins n'est formée que par
un petit mur d'un mètre, ce qui n'est alors qu'un témoignage de
bon voisinage. Réduit à cette hauteur, le mur n'est quelquefois
qu'en pierres sèches.

Canton de Besse. — On s'y conforme au code civil.

Canton de Cotignac. — L'article 663 est assez généralement
suivi dans le canton, mais seulement dans les villes ou villages;
il n'en est pas ainsi dans les campagnes. Celles-ci ne sont séparées ni par des murs ni par des haies vives, mais le plus souvent
par un fossé, par une rangée de pierres, ou soit par un cordon de
vignes, mais placé à la distance d'un *demi-mètre* de l'héritage
voisin; quelquefois et assez souvent par des termes placés, l'un
au milieu et deux autres à chaque extrémité de la propriété. Ces
termes sont placés par des amis communs ou par des experts.

Quand deux héritages sont séparés par un mur de soutènement, l'entretien du mur est à la charge du propriétaire dont il
soutient le mur, mais à la charge par le propriétaire inférieur de
laisser inculte un espace de terrain de trente centimètres (1).

_____

(1) Nous n'avons pas besoin de relever la singularité de cet usage, contraire au droit de
propriété du voisin inférieur, et qui ne peut se justifier que par la nécessité de ne point
déchausser le mur du fonds supérieur.

Canton de Saint-Maximin. — La hauteur des clôtures est de 2ᵐ50 au-dessus du sol.

Canton de Rians. — L'obligation imposée par l'article 663 n'étant adoptée, en principe, que dans les villes et faubourgs et le canton de Rians ne se composant que de communes rurales, aucun règlement ni usage n'y rend la clôture obligatoire dans les cours et jardins. Les murs de clôture existants sont de hauteur tout à fait inégale. La plupart des cours et jardins sont clos par des haies vives ou par des haies sèches, plantées du consentement des propriétaires sur la ligne divisoire de leurs fonds. Si l'on ne peut pas contraindre un voisin à contribuer à la construction d'un mur de clôture, on peut du moins le contraindre à payer sa part des frais de réparation, quand il existe, en observant toutefois que si les terrains, séparés par ce mur, sont d'une hauteur inégale, le propriétaire du terrain supérieur a seul l'entretien de la partie qui soutient son terrain.

Canton de la Roquébrussanne. — Il n'y a pas d'usages certains acceptés pour la hauteur des murs de clôture. L'ancienne coutume de Provence portait cette hauteur à 2ᵐ50 (10 pans). Ceux qui veulent se clore aujourd'hui se conforment aux dispositions du code civil qui porte la hauteur de la clôture à 2ᵐ60 (8 pieds) pour les villes et faubourgs.

Section III. — Arrondissement de Grasse

Canton de Grasse. — L'usage a fixé la hauteur à 2ᵐ50.

Canton d'Antibes. — Le code civil fait loi.

Canton de Saint-Auban. — Idem.

Canton du Bar. — On n'exige que 2 mètres au-dessus du sol.

Canton de Cannes. — C'est 2ᵐ50 qu'on a adopté comme hauteur des clotures.

Canton de Coursegoules. — Le code civil fait la loi.

Canton de Saint-Vallier. — Même solution.

Canton de Vence. — Le mur de clôture doit être exécuté en maçonnerie de mortier et avoir au-dessus du sol une hauteur de deux mètres.

Section IV. — Arrondissement de Toulon

Canton de Toulon. — La hauteur adoptée est celle établie par l'art. 663. Celui qui veut se clore et qui construit son mur immédiatement sur sa limite renonce,, par le fait, au droit du *tour de l'échelle* ou *Récaousset* (terme du pays). S'il veut réparer son mur, il est forcé de mettre le pied dans le fonds du voisin. Dans ce cas, il doit l'indemniser, à dire d'experts, du dommage qu'il peut lui avoir causé. Le tour de l'échelle ou *Récaousset* se dit de l'espace libre de deux *pans* ou 50 centimètres laissé entre une construction quelconque et la limite des fonds voisins. Le droit sur cet espace ne se présume pas légalement. Il doit résulter d'un titre, d'un bornage, ou de la prescription.

Canton du Beausset. — Application du code civil.

Canton de Collobrières. — Même solution.

Canton de Cuers. — Idem

Canton d'Hyères. — La hauteur habituelle des clôtures dans Hyères et les hameaux est celle fixée par la loi ou celle de 2m60. Cependant les murs des jardins atteignent en général une hauteur de trois mètres environ.

Canton d'Ollioules. — Généralement la hauteur des clôtures est de 2m50.

Canton de Solliès-Pont. — La hauteur est de 2 mètres à 2m50.

Canton de la Seyne. — C'est le code civil qui y fait loi.

CHAPITRE V

DES PLANTATIONS

ART. 671 du Code civil. — Il n'est permis de planter des arbres de haute tige, qu'à la distance prescrite par les règlements particuliers actuellement existants, ou par *les usages existants ou reconnus*; et, à défaut de règlements ou usages, qu'à la distance de deux mètres de la ligne séparative des deux héritages pour les arbres à haute tige, et à la distance d'un demi-mètre pour les autres arbres et haies vives.

SECTION I. — Arrondissement de Draguignan

Canton de Draguignan. — La coutume est exactement conforme aux prescriptions du code civil; mais dans les cours et jardins, séparés par un mur mitoyen, on plante des arbres à une distance moindre.

Canton d'Aups. — Même situation.

Canton de Callas. — Idem.

Canton de Comps. — Prescriptions du code civil adoptées.

Canton de Fayence. — Idem; point d'usage local.

Canton de Fréjus. — Pour les arbres, la distance est celle indiquée par le code; pour les haies vives, un mètre au lieu d'un demi-mètre. La vigne et les arbrisseaux sont plantés à un demi-mètre de distance.

Canton de Grimaud. — On applique le code civil.

Canton de Lorgues. — Pour les arbres à haute tige, deux mètres. Mais la distance est d'un mètre au lieu de cinquante centimètres pour les autres arbres et haies vives.

Canton du Luc. — Code civil en vigueur.

Canton de Salernes. — Idem.

Canton de Saint-Tropez. — Même situation.

Section II. — Arrondissement de Brignoles

Canton de Brignoles. — L'usage est d'accord avec la loi.

Canton de Barjols. — Le code civil y est appliqué sur les distances des plantations. Anciennement, on ne distinguait pas entre les arbres à haute tige et les autres arbres et haies vives. La distance était la même pour toutes sortes d'arbres une *canne* ou soit 2 mètres. (Bomy, *Recueil des coutumes*, chap. II. Julien, *Statuts*, tome II, p. 553. Dubreuil, *coutume de Provence* page 6 ; Cappeau, *code rural*, v. arbres). — La coutume ancienne admettait néanmoins que la *vigne* pouvait être plantée à quatre pans (1 mètre) de celle du voisin, ce qui suppose qu'elle devait l'être à 0,50 centimètres de la ligne séparative, et c'est ce qui a toujours été ainsi pratiqué. (Cappeau, *législation rurale et forestière*, t. I, p. 559).

Il n'y a pas de règle pour les arbres dans les jardins où l'observation de la distance rendrait souvent toute plantation presque impossible, à cause de l'exiguité d'étendue.

L'usage est qu'on peut planter des arbres contre le mur voisin, si le mur appartient au propriétaire de l'arbre ou, s'il est mitoyen, et y appliquer des espaliers. Dans le cas où ces arbres porteraient préjudice au mur du voisin, celui-ci pourrait en exiger la suppression.

Les arbres plantés au bord des fossés doivent l'être à la distance légale.

Canton de Besse. — On y observe les règles du code civil. Les propriétaires peuvent exercer le droit de faire couper les branches des arbres du voisin qui plongent dans leurs fonds. Les fruits de ces branches sont habituellement cueillis par le maître de l'arbre ; mais, en cas de contestation l'usage veut que ces fruits soient partagés. — Ce n'est que dans les mêmes cas qu'ils coupent eux-mêmes les racines des arbres des propriétés voisines, qui avancent dans leurs fonds ; mais ce dernier droit est si rarement exercé qu'on peut dire qu'il est tombé en desuetude. — Dans les communes de ce canton on tolère les espaliers contre les murs mitoyens.

Canton de Cotignac. — On y suit la règle portée par l'article 671 qui n'est autre que l'usage attesté par le recueil de Bomy. Quelques personnes veulent qu'il y ait exception à cette règle, pour les arbres plantés dans les jardins. L'exception n'est pas goûtée par le juge de paix de ce canton. Quel avantage peut en retirer, dit-il, celui qui plante à côté d'un canal, d'un aqueduc ou de tout autre ouvrage susceptible d'être détérioré par les racines de son arbre, par les branches qui viennent obstruer l'air et le jour du voisin, si vous le soumettez, après lui en avoir donné l'autorisation, à subir les conséquences de ce rapprochement. Il ne vous l'aurait pas demandée, si vous ne la lui aviez point offerte. On doit éloigner tout ce qui peut donner matière à procès.

Canton de Saint.Maximin. — On y suit la règle tracée par le code civil.

Canton de Rians. — Même solution, sauf deux exceptions : 1° dans les jardins attenants aux habitations, les plantations des arbres ne sont subordonnées qu'à la condition de ne causer aucun préjudice aux édifices voisins et aux murs mitoyens ou non mitoyens ; 2° le propriétaire d'un aqueduc peut se plaindre du préjudice réel qu'une plantation d'arbres quelconques lui ferait éprouver, alors même que ces arbres seraient placés à la distance coutumière et légale.

Canton de la Roquebrussanne. — La distance pour les arbres de haute tige est de deux mètres de l'héritage voisin.—On plante cependant l'olivier, dans quelques communes, seulement à 1ᵐ 50. — La coutume de Provence déterminait cette distance à deux mètres.

Canton de Tavernes. — Code civil et usages de Provence.

Section III. -- Arrondissement de Grasse.

Canton de Grasse. — On y suit les dispositions de l'art. 671 et les coutumes conformes de l'ancienne Provence avec cette différence, que d'après ces usages, les haies vives et les arbrisseaux doivent être également plantés à deux mètres de la limite des deux propriétés, tandis que le code civil, plus rationnel, réduit cette distance à un demi mètre.

Tous les autres cantons d'Antibes, Saint-Auban, Le Bar, Cannes, Coursegoules, Saint-Vallier et Vence suivent les dispositions du code civil.

Section IV. — Arrondissement de Toulon.

Canton de Toulon. — C'est le code civil qui fait loi. Parmi les arbustes qui se plantent à 0,50 centimètres du fonds voisin, on cite les aubépines, les *pourrettes* ou muriers nains. — La distance de la haie vive doit être de 1^m 20 et quelquefois de 1^m 40.— La haie morte peut s'établir sur la limite même.— Dans les jardins potagers, on est dans l'usage de planter des roseaux à 50 centimètres du fonds voisin, et on les laisse s'élever de toute leur végétation. Cette haie a pour but de préserver les plantes potagères des vents et des frimats (1).

(1) Dans certaines communes, si le *cannier* ou plantation de roseaux, est planté au nord de l'héritage, il n'est soumis à aucune de ces obligations ; cet usage est fondé sur cette observation que les racines des cannes prennent toujours la direction du nord au midi, et jamais du midi au nord. Il ne peut donc pas nuire au voisin dans ce cas.

Dans les plaines complantées en vignes, lorsqu'il n'y a pas de termes, chaque voisin, en plantant la vigne , doit laisser la *cambado* du côté du voisin; c'est-à-dire , 50 centimètres , ce qui fait en tout un mètre.

Canton du Beausset. — C'est le code civil qui est appliqué.

Lorsque deux propriétés sont séparées par une rive produisant de la litière ou de l'herbe, le supérieur fauche tout ce qu'il peut prendre du haut, sans pouvoir descendre sur le fonds inférieur. Ce qui reste appartient à l'inférieur.

Si les propriétés sont séparées par une barre de rochers, on en agit de même , par un ruisseau ou un vallon , c'est le milieu du fil de l'eau ou les sinuosités du fonds du vallon qui forment la limite.

Lorsque l'inférieur cède une portion de terrain pour la construction d'un mur , le supérieur a encore 50 centimètres sous la muraille *(tour du chat)* que l'inférieur ne peut plus cultiver. Mais alors le supérieur est tenu de placer des vignes, tout le long du mur *(rendoulière)* dont l'inférieur cueille les fruits en compensation du terrain cédé. Le supérieur est tenu de laisser remplacer ces vignes, pendant les cinq premières années, lorsqu'elles n'ont pas poussé, et quand elles sont bien venues de les supporter jusqu'à ce qu'elles meurent.

Quant on veut planter dans un mur des capriers qui pendraient sur la propriété voisine , on ne peut le faire qu'en construisant un mur de retirement à un mètre de la ligne divisoire.

Canton de Collobrières. — Pas d'usage local.

Canton de Cuers. — On s'est référé aux prescriptions du code civil. — La distance indiquée pour la vigne sert fréquemment de règle pour statuer sur les actions en bornage et autres contestations.

Canton d'Hyères. — Pour les arbres de haute futaie, on suit le code civil; mais non pour les autres arbres et haies vives, la vigne exceptée. — Il semble que ce dernier usage, quoique contraire au code, doit être maintenu ; parce qu'en procédant autrement, on ombrage trop les terres des voisins, et que, d'autre part, une moindre distance fait naître des discussions, soit pour la coupe des branches, soit pour l'enlèvement des fruits qui tombent dans le fonds voisin.

Canton d'Ollioules. — On se conforme aux prescriptions du code civil.

Canton de Solliès-Pont. — Code civil. — On considère comme arbres de haute tige, tous les arbres fruitiers quels qu'ils soient.

Canton de la Seyne. — C'est le code civil qui fait loi.

CHAPITRE VI

DES FOSSÉS CREUSÉS PRÈS LE FONDS VOISIN.

Art. 674 du code civil.— Celui qui fait creuser un puits ou une fosse d'aisance près d'un mur mitoyen ou non ; celui qui veut y construire cheminée ou âtre, forge, four ou fourneau, y adosser une étable ; ou établir contre ce mur un magasin de sel, ou amas de matières corrosives, est obligé à laisser la distance prescrite *par les règlements ou usages particuliers sur ces objets*, ou à faire les ouvrages prescrits par les *mêmes règlements* et usages pour éviter de nuire au voisin.

§ I. — Arrondissement de Draguignan.

Canton de Draguignan.— Creusement d'un puits à 1 mètre de distance. — Construction d'une fosse d'aisance ou à fumier ne peut avoir lieu sans un contre-mur de 0,35 centimètres d'épaisseur. — D'une forge, four ou fourneau sans un contre-mur de 16 centimètres 1/2 et sans laisser un espace vide, appelé *le tour du chat*, de la largeur de 16 centimètres 1/2 également.— Adossement d'une étable, sans un contre-mur de la hauteur de la mangeoire et de 16 centimètres 1/2 aussi d'épaisseur.— Etablissement d'un magasin de sel ou autres matières corrosives sans un contre-mur semblable pour l'épaisseur.

Canton d'Aups. – Celui qui veut construire un four public doit laisser un espace vide ou ce qu'on appelle *le tour du chat* entre le four et le mur, mitoyen ou non. — Les puits, fosses à fumier, cloaques et puisards doivent être creusés à la distance de trois pieds (ou 1 mètre) de l'héritage voisin. Toutes les constructions adossées contre un mur mitoyen et *capables* de nuire au voisin comme cheminées, forges, fourneaux, étables, fosses d'aisance et à fumier, cochonniers, magasins de sel et autres amas de matières corrosives, sont soumises à l'établissement d'un contre-mur d'un pied d'épaisseur. — Les ruisseaux et fossés doivent être séparés du fonds voisin par un franc-bord d'une largeur égale à la profondeur du fossé.

Canton de Callas. — Aucun usage particulier à signaler. — Règles générales du code civil.

Canton de Comps. — Idem.

Canton de Fayence. — Si l'on veut creuser un puits ou établir une fosse près d'un mur, mitoyen ou non, la distance de cet ouvrage au mur doit être égale à sa profondeur, sans dépasser pourtant 2ᵐ 50 centimètres, quelle que soit d'ailleurs la profondeur.

Si l'on veut y établir une cheminée ou âtre (1), forge ou fourneau ou y adosser un étable ou établir contre ce mur un magasin de sel ou autres matières corrosives, il faut faire un contre mur dont l'épaisseur n'est pas déterminée.

Canton de Fréjus. — Nulle règle ou usage fixe. — On s'arrange pour ne pas nuire au voisin. — S'il souffre, il se prévaut de la règle consacrée par l'article 1382 du code civil.

Canton de Grimaud. — Le code civil n'édictant pas de règle, à défaut d'usages locaux, les tribunaux doivent s'en tenir aux usages les plus généralement reçus en France et dans le département.

Canton de Lorgues. — Dans les constructions mentionnées en l'article 674, susceptibles, par leur nature, de nuire au voisin, il est d'usage, suivant le cas, d'établir des contre-murs et d'observer des distances qui, pour les fossés et puits doivent être égales à la profondeur qu'on leur donne ; pour les cloaques à fumier et fosses d'aisance, près d'un mur, mitoyen ou non, on construit un contre-mur enduit de ciment jusqu'à la profondeur des fondations.

(1) Pour les âtres et cheminées, dans beaucoup de localités du midi de la France, on est dans l'habitude de placer une plaque en fonte ou une dalle ; pour les forges et fourneaux, le contre mur doit être bâti avec des briques et de l'argile. — Quelles que soient les précautions prises, si l'ouvrage nuisait, l'article 1382 serait applicable.

Canton du Luc. — Nulle coutume locale à cet égard. — On y suit les usages généraux.

Canton de Salernes. — Idem.

Canton de Saint-Tropez. — Même solution.

Arrondissement de Brignoles.

Canton de Brignoles. — Rien à signaler.

Canton de Barjols. — Point de règle établie pour les Puits.— Il faut donc s'en référer à la coutume ancienne attestée par Bomy (chap. 6), qui veut qu'on ne puisse en creuser qu'à la distance *d'un pas*, du fonds voisin (voir Cappeau, vº puits, Dubreuil, page 21).

Dans tous les cas, ainsi que l'observent ces auteurs, le propriétaire serait tenu de réparer le dommage que la chute ou l'établissement du puits pourrait occasionner au voisin.

Fossé. — Il est d'usage que celui qui veut en creuser un dans son fonds doit garder autant de distance de l'héritage voisin qu'il donne de profondeur au fossé, afin d'éviter au voisin les éboulements et les infiltrations qui pourrraient lui nuire. — (Voir tous les auteurs anciens entr'autres Fournel, traité de voisinage, t. II, p. 110).

Si le fossé était creusé dans le roc, la distance du fonds voisin, pourrait être moindre, car alors il n'y aurait plus à craindre ni éboulements ni infiltrations; de même s'il était construit en maçonnerie et cimenté.

Cloaques ou fosses à fumier. — La prohibition de faire du fumier dans les maisons et dans les rues, remonte à une époque fort reculée. Un arrêt de règlement du 8 mai 1669, rapporté par Boniface, t. IV, p. 718, et un autre du 16 juin 1683, cité par le premier président de Régusse, p. 145, ordonne la suppression des fumiers et condamne les contrevenants à 12 livres d'amende. Malgré les arrêtés préfectoraux et municipaux et les leçons cruelles qu'infligent trop souvent les épidémies, rien n'est malheureusement encore plus commun que l'existence de cloaques, établis contrairement à toutes les lois de l'hygiène et aux prescriptions de la salubrité publique, soit dans l'intérieur des maisons, soit au milieu des rues et places de nos villages et même de certaines localités importantes. — Espérons que ces abus, aussi opposés à la santé générale, qu'aux vrais intérêts de l'agriculture en ce qui concerne les règles sur la préparation des engrais, finiront par disparaître de notre Provence. Si la fosse à fumier est établie contre le mur voisin, mitoyen ou non, le mur doit être doublé d'un contre-mur suffisant pour garantir le voisin des odeurs infectes et des infiltrations. Mais quelque précaution que l'on prenne, si le voisin en éprouve du préjudice, on est tenu de le réparer ou même de supprimer le cloaque, s'il n'y a pas d'autre moyen.

Puisards, étables, magasins de sel ou autres matières corrosives, fosses d'aisance, latrines ou privés. — On ne leur applique d'autres règles que celles relatives aux cloaques, bien que la coutume ancienne, attestée par Bomy, chap. 12, et rapportée par Dubreuil et Gappeau, voulût qu'entre le mur mitoyen et le contre-mur, il fût laissé une petite distance.

Cheminées ou âtres, forges, fours et fourneaux. — On se borne pour les cheminées des maisons à garnir l'âtre d'une plaque en fonte ou d'une pierre en grès, ou même de quelques briques, ce qui est le plus ordinaire chez les gens peu aisés. — Quant aux forges, fours et fourneaux, l'usage est ici qu'on doit laisser entre le four et le mur voisin un espace vide de 4 pouces 1/2 (12 centimètres) qu'on appelle *tour du chat*.

Rives et murs de soutènement. — Le propriétaire du fonds supérieur, que nos statuts de Provence appellent *subeiran*, est réputé l'être aussi de la rive ou muraille qui soutient son fonds, alors même que sur la rive ou muraille, il se trouve un chemin qui les sépare de la propriété.

Si le propriétaire inférieur fait abaisser son terrain le long du mur, il doit faire un contre-mur pour le soutenir. Si c'est une rive, et qu'il coupe à pic la portion qui lui appartient, il doit soutenir le terrain du propriétaire supérieur.

Entre deux fonds de hauteur inégale, l'inférieur ne peut cultiver plus près de *deux pans* (1 demi mètre) du mur, ce qui est la largeur de ce qu'on appelle en Provence *lou recaousset*, à moins qu'il n'apparaisse qu'il n'en a point été laissé.

Canton de Besse. — Puits. — Ils sont construits à la distance d'un mètre du mur, mitoyen ou non, ou bien, selon les coutumes, on laisse une distance égale à la largeur du puits : quant aux ouvrages intermédiaires, requis par l'usage, ils doivent être tels que le mur, mitoyen ou non, n'en soit pas endommagé.

Fosses d'aisance, privés, latrines, ne sont établis contre un mur mitoyen, qu'en faisant un contre-mur d'épaisseur suffisante pour qu'en laissant un vide entre deux, l'humidité du contre-mur n'endommage pas le mur mitoyen.

Cheminées ou âtres ne sont établis contre un mur mitoyen qu'en faisant un contre-mur avec des *tuilots* ou autres matières suffisantes. Ce mur doit avoir au moins un diamètre de 0,60 millimètres d'épaisseur.

Forges, fours et fourneaux ne sont établis contre un mur mitoyen ou non qu'en laissant un vide appelé le *passage du chat.* De plus les murs de la forge, du four et du fourneau doivent avoir une épaisseur de 3 décimètres au moins.

Etables. — Les propriétaires sont très-tolérants pour la construction des étables ; mais, en cas de contestation, l'usage veut que celui qui fait bâtir une étable contre un mur mitoyen fasse un contre-mur de 21 centimètres d'épaisseur, élevé jusqu'au rez-de-chaussée de la mangeoire. Le constructeur de l'étable est obligé de faire ce contre-mur à tous les endroits de l'étable où il entasse du fumier contre un mur mitoyen.

Bergeries. — Le même usage s'y applique, c'est-à-dire, qu'on doit faire ce contre-mur dans tout le pourtour de la bergerie.

Magasins à sel. — Il n'y a pas de *magasins à sel.* Les débitants le placent dans des barriques de bois. Enfin on ne peut déposer des matières corrosives contre les murs mitoyens, qu'en faisant des contre-murs pour garantir les premiers. La hauteur de ces contre-murs est celle des tas de matières déposées, et la profondeur de leurs fondations ainsi que leur épaisseur doivent être suffisantes.

Canton de Cotignac. — Puits, à un mètre de distance du fonds voisin. — Fosse d'aisance ou fosse à fumier ne peut être établie qu'avec un contre-mur de 32 ou 33 centimètres, plus le *tour du chat,* ou un vide d'une quinzaine de centimètres. Etable, avec un contre-mur de la hauteur de la mangeoire et d'une épaisseur de 0,15 centimètres. — Loges à cochon, il serait à désirer que la distance en fût déterminée, surtout pour celles qui sont construites dans les bourgs ou villages.

Canton de Saint-Maximin. — Puits à 1 mètre du fonds voisin.

Si ç'est près d'un mur mitoyen, un contre-mur d'un pied d'épaisseur suffit. Si malgré ces précautions, le mur du voisin n'est pas suffisamment garanti, celui qui a construit le mur est responsable du préjudice souffert. — Cheminée, celui qui veut en adosser une à un mur mitoyen doit donner au mur qui y correspond 6 pouces d'épaisseur, pour préserver le voisin de la chaleur du feu. Mais cet usage n'est pas toujours observé. — S'il s'agit d'une forge, d'un four ou fourneau, le mur doit être d'un pied d'épaisseur, et il faut de plus laisser entre ce mur et le mur mitoyen un vide ou intervalle de 6 pouces.— Point d'usage connu dans ce canton, quand il s'agit d'adosser une étable contre un mur mitoyen, ou d'établir contre ce mur un magasin de sel ou amas de matières corrosives.

Canton de Rians. — Puits à un mètre de distance du mur voisin. Fosse d'aisance ou à fumier ne peut être établie qu'aveo un contre-mur de 0,33 centimètres d'épaisseur pour empêcehr l'infiltration.

Forge, four et fourneaux, avec un contre-mur de 16 à 17 centimètres d'épaisseur et en laissant un espace vide de 16 à 17 centimètres qu'on appelle *tour de chat*. Etable avec un contre mur de 16 à 17 centimètres d'épaisseur jusqu'à la hauteur de la mangeoire. — Le même contre-mur doit être construit contre le mur, mitoyen ou non, pour celui qui veut y appuyer du sel ou autres matières corrosives.

Canton de la Roquebrussanne. — On s'en réfère aux prescriptions du code civil.

Canton de Tavernes.— Il est d'usage habituel de faire et d'exiger un contre-mur; mais si malgré cette précaution, il survient des dégradations la voie à des dommages intérêts est ouverte.

Section III. — Arrondissement de Grasse

Canton de Grasse. — Fours. — L'usage est de laisser le *tour du chat*, c'est-à-dire, un espace libre entre le four et le mur. Mais cette obligation n'existe que pour les fours publics et non pour le four d'un particulier qui peut être établi contre une muraille commune. — Puits, ne peut être creusé qu'à la distance d'un *pas* du fonds voisin.

Fosse d'aisance. — Il faut faire un contre-mur d'une épaisseur suffisante, en laissant une petite distance entre deux, pour que l'humidité du contre-mur ne se communique pas audit mur, à plus forte raison lorsque ce mur appartient en entier au voisin. — Il n'y a rien de précis pour les autres constructions.

Fossés, doivent être placés de manière que la distance du fonds voisin soit égale à leur profondeur, et seulement de moitié, lorsqu'ils sont creusés dans le roc. — Après avoir rappelé les usages incertains, le juge de paix dit qu'un principe général domine la matière, c'est que, quelque précaution que l'on prenne, quelque distance que l'on laisse, si le voisin reçoit un préjudice de toutes ces constructions, on est tenu de le réparer et même de détruire les ouvrages qui ont occasionné le dommage, s'ils sont insuffisants pour l'empêcher (art. 1382). — Exemple : un puits doit être à *un pas* du voisin. — Quelques-uns prétendent à une distance égale à sa profondeur (1); mais si la propriété du voisin est plus élevée que celle où l'on creuse le puits, si la qualité de la terre est plus susceptible de s'ébouler, s'il existe une pente

---

(1) Ce qui nous paraît excessif et peu réalisable.

rapide, si enfin le mur de soutènement du terrain supérieur est menacé par le creusement, n'est-il pas évident qu'il faut adopter d'autres distances et d'autres précautions ?

Canton d'Antibes. — Prescriptions du code civil.

Canton de Saint-Auban. — Idem.

Canton du Bar. — Etables. — L'usage est de faire le long et jusqu'à la hauteur de la mangeoire, contre le mur mitoyen, un *contre-mur* d'une épaisseur de 20 centimètres.

Fours à pain, forges et fourneaux. — On laisse entre le mur mitoyen et le mur de la forge un vide ou intervalle dans toute la longueur et hauteur, de 25 centimètres.

Fours propres à cuire des briques, tuiles ou de la poterie. — Il faut un contre-mur de 0,50 centimètres d'épaisseur.

Puits ou fosses d'aisance. — Il faut un contre-mur de 30 cen.- timètres d'épaisseur, et entre les deux, puits et fosse d'aisance, un massif en bâtisse de l'épaisseur d'un mètre.

Magasins de sel et amas de matières corrosives. — Il n'existe pas d'usage spécial à ce canton.

Canton de Cannes. — Puits à la distance d'un mètre du mur, mitoyen ou non; et dans le cas où la profondeur du puits dépasse les fondations de ce mur, il doit être fait en sous-œuvre des travaux suffisants.

Fosses d'aisance. — Doivent être séparées par un contre-mur de 33 à 50 centimètres, avec reprise en sous-œuvre, dans le cas où la fosse serait au-dessous des fondations.

Cheminées et leurs tuyaux peuvent être appliqués contre les murs, mais le contre-mur doit en être distant de 5 centimètres et le vide garni en matériaux.

Fours, forges et fourneaux doivent en être éloignés de 16 à 20 centimètres.

Magasins à sel ou amas de matières corrosives. — 1° par un contre-mur en fondation de 50 centimètres de profondeur sur 30 centimètres d'épaisseur; 2° par une contre-cloison partant du contre-mur, jusqu'au plancher, établie en briques ou en planches avec un vide de 10 centimètres, dans lequel un courant d'air doit être établi toutes les fois que la chose est possible.

Canton de Coursegoules. — Dès qu'il est justifié que ces sortes d'ouvrages peuvent nuire au voisin, l'usage veut qu'on ne puisse les établir sans sa permission, et bien souvent, il la donne moyennant indemnité.

Canton de Vence. — Etables. — Il doit être fait contre le mur mitoyen un contre-mur de 20 centimètres d'épaisseur jusqu'à la hauteur de la mangeoire.

Cheminées et âtres contre un mur mitoyen, il doit être fait un contre-mur en briques posées sur le plat.

Forges, fours et fourneaux adossés à un mur mitoyen. — Il doit être laissé entre le mur et la forge, four ou fourneau, un vide ou intervalle dans toute leur largeur et hauteur, d'un demi-pied ou soit de 17 centimètres.—Maréchaux, taillandiers, serruriers, couteliers, orfèvres, en un mot tous les ouvriers qui se servent de forges, qu'elle qu'en soit la forme et quelque matière qui y soit travaillée, tous doivent avoir des forges conformes à cette règle. Sous le nom de fours, il faut entendre ceux des boulangers, des pâtissiers, des traiteurs, des cuisines, ainsi que tous ceux que l'industrie allume pour quelque objet que ce soit.

Quant aux fours propres à cuire les briques, les tuiles, la poterie, l'intervalle ou vide existant entre le mur mitoyen et le contre-mur, doit être au moins d'un pied ou soit de 33 centimètres.

Puits ou fosses d'aisance contre un mur mitoyen.—Il doit être fait un contre-mur de 33 centimètres d'épaisseur; et entre deux puits ou deux fosses d'aisance, il faut un mur de l'épaisseur d'un mètre.

Magasins de sel ou autres amas de matières corrosives. — Il doit être fait, en bons matériaux, un contre-mur de 33 centimètres d'épaisseur sur la même hauteur et la même longueur que le mur mitoyen du magasin.

Canton de Saint-Vallier. — Aucun usage spécial, application des règles édictées par le code civil.

Section IV. — Arrondissement de Toulon

Canton de Toulon. — Puits à un pas ou soit 1 un mètre du fonds voisin. Fosse d'aisance, forge ou fourneau, magasins de matières corrosives: celui qui veut les construire contre un mur mitoyen ou non doit bâtir un contre-mur de la même épaisseur que celui existant.

Fours à pain. En l'établissant, on doit laisser, sur tout le pourtour de la *calotte sphérique*, un espace libre de 4 pans ou 10 centimètres, dit *tour du chat*, entre cette calotte et les planchers et murs des voisins.

Rives et murs de soutènement dits *restaouques*. — Fossés. — L'usage donne la propriété du mur de soutèment dit *restaouque* au propriétaire du terrain qu'il soutient, à moins d'un titre contraire, car ce propriétaire a seul intérêt à construire ce mur pour soutenir son terrain.—Si le mur de soutènement a été élevé sur la limite des deux fonds, ce mur n'a point droit au *recaousset*. Il

faut pour jouir de ce droit que le supérieur , en le construisant ,
ait reculé sur son fonds de 50 centimètres , et encore faut-il qu'il
ait fait constater par un bornage que le *recaousset* reste bien de
propriété. Pour lors , l'inférieur doit respecter ce *recaousset*, en
sorte que la base du mur soit moins susceptible de dégradations.
— Les herbes et litières qui croissent sur ce *recaousset* sont ,
dans ce cas, la propriété du supérieur et elles peuvent être cou-
pées, mais sans endommager le fonds inférieur. Si le mur a besoin de réparations , l'inférieur doit souffrir que le supérieur
mette le pied sur son fonds , à charge de lui payer le dommage
qni pourrait résulter de ce travail, à dire d'experts. — Si le mur
de soutènement vient à s'ébouler , l'inférieur peut sommer le supérieur de relever ce mur et de lui payer le dommage qu'il aura
souffert.

La rive appartient au *subeiran* ou supérieur s'il n'y a titre contraire; elle a droit, à sa base, dans le fonds inférieur au *recaousset*, si cela résulte d'un titre, d'un bornage ou de la prescription.
— Dans le cas du droit au *recaousset* , le propriétaire de la rive
peut descendre sur ledit *recaousset* et couper les herbes et litières qui croissent sur cette rive. Dans le cas contraire, le propriétaire de la rive a toujours le droit de couper ces herbes , mais
sans pouvoir descendre dans le fonds inférieur. Dans ce même
cas, l'inférieur peut, sur son propre fonds, creuser un fossé pour
se garantir des eaux pluviales qui proviennent de la rive; mais
ce fossé doit être distant de la base de cette rive, et dans tous les
autres cas , de la limite du fonds voisin , d'une longueur égale à
sa profondeur.— Si le fossé est mitoyen , le curage se fait à frais
communs entre les riverains et le terre-jet a lieu des deux côtés
du fossé.— Si le fossé n'est pas mitoyen, le propriétaire du fossé

est chargé seul du curage et le terre-jet ne peut avoir lieu que du côté qui tient à son fonds.

Canton du Beausset. — Puits à un mètre de distance de la propriété voisine. Cloaque, fosse à fumier, fosse d'aisance : il faut laisser entre le voisin et la construction une distance égale à la profondeur du cloaque ou de la fosse.

Cheminée. On est tenu de faire un contre-mur sur toute la hauteur du tuyau ou canon, à partir du plancher ou de l'âtre, de 12 à 15 centimètres d'épaisseur.

Four, forge ou fourneau. On est tenu de laisser entre le voisin et la construction le *tour du chat*, ou soit une distance de 33 centimètres environ (1 pied).

Ecurie, cochonnier, magasin de sel. La règle est de laisser un contre-mur de 25 centimètres d'épaisseur, jusqu'à la hauteur de 2 mètres, de le cimenter et d'y mettre des moellons jusqu'à cette hauteur.

Canton de Collobrières. — Application du code civil.

Canton de Cuers. — Cheminée touchant un mur non mitoyen. On se permet de creuser à moitié de l'épaisseur du mur; et lorsque le mur est mitoyen, on établit la cheminée tout contre, mais sans faire aucune excavation au mur.

Les mêmes précautions sont prises pour l'âtre, pour la forge et pour le fourneau; quant au four, on ne l'établit jamais touchant un mur mitoyen, mais on laisse entre le mur et le construction du four un vide de 16 centimètres environ, vulgairement appelé *tour du chat.*

Etable et dépôt de fumiers, de sels et de matières corrosives. On ne prend aucune précaution, sauf le cas de plainte du voisin.

Canton d'Hyères. — Puits à 1 mètre de distance du fonds voisin: ou bien contre-mur de 53 centimètres d'épaisseur, quelquefois de 64 centimètres, si le mur contre lequel on s'appuie est de nature à en souffrir.

Fours. Contre-mur aussi à 32 centimètres, adossé au mur du voisin, ou intervalle de 25 centimètres entre le four et le mur.

Lieux d'aisance ou latrines. Doivent toujours être séparés du mur du voisin, non-seulement par un petit espace, mais par un contre-mur d'environ 60 centimètres.

Idem pour les loges à cochon. Une ordonnance de police défend tout à fait de pareils établissements dans la ville pour cause de salubrité publique.

Forge. Assujettie aux mêmes règles que les fours.

Canton d'Ollioules. — Puits peut se creuser à 1 mètre de l'héritage voisin, y compris l'épaisseur de la maçonnerie, qui doit être de 50 centimètres.

Fosses d'aisance, cloaques. Peuvent s'adosser à un mur mitoyen, mais avec un contre-mur cimenté d'une épaisseur de 33 centimètres au moins.

Une cheminée construite contre un mur mitoyen n'est sujette à aucune condition; il s'agit de ne pas diminuer l'épaisseur de ce mur.

Pour les foyers ou fours, placés contre un mur mitoyen, il est de rigueur d'établir un contre-mur de 33 centimètres d'épaisseur et de laisser un vide, ou *tour du chat,* qui doit rester ouvert, de 16 centimètres 1/2.

Ecurie près d'un mur mitoyen. On a soin de faire, à partir des fondements un contre-mur en pierres ou briques cimentées et remontant jusqu'à la mangeoire. Ce contre-mur doit avoir 22

. centimètres d'épaisseur. Pour ces sortes d'ouvrages, on suit la coutume de Paris.

Canton de la Seyne. — Mêmes solutions que pour Toulon.

Canton de Solliès-Pont. — Forges, fours, fourneaux. Ne peuvent être adossés contre le mur mitoyen. Il doit y avoir une distance de 15 centimètres.

Fosse ou canal. Creusé contre la terre du voisin, doit en être distant d'un espace égal à la profondeur de la fosse, canal ou ruisseau, à moins qu'on ne revête les parois en bâtisse. Dans ce cas, on ne doit faire du côté du voisin, qu'un contrefort en ciment, suffisant pour le garantir de toute humidité et de tout éboulement.

CHAPITRE VII

DES PASSAGES

En Provence, les chemins privés se divisent en deux classes : 1° Le chemin dû à un propriétaire pour l'utilité de son fonds, appelé *sentier* ou *viol* pour gens et bêtes de somme; 2° le chemin *voisinal* ou de quartier, qui sert aux divers propriétaires du même quartier.

D'apres nos usages, la largeur du *sentier* ou *viol* doit être de 1 mètre 25 centimètres (5 pans), y compris les bords, à moins de titre ou possession contraire. Le sentier ou viol est, par rapport à l'entretien, à la charge de celui qui en use. Le propriétaire n'a rien à faire, il doit seulement souffrir la servitude. Le chemin voisinal ou de quartier est à la charge de tous les co-usagers. Un règlement du 6 septembre 1729, homologué par le Parlement, fait pour la ville d'Aix et rendu commun à toute la Provence, sauf Marseille (rapporté par Bomy, *Privilèges d'Aix*, page 226), avait fixé la largeur du chemin voisinal.

La largeur ordinaire est de 2 mètres (8 pans); elle est de 2m50 (10 pans) s'il y a d'un côté des haies ou des murailles; de 3 mètres (12 pans) s'il en existe des deux côtés. Cette largenr est portée à 4 mètres (16 pans) et même plus, dans les contours, suivant les localités.

L'entretien des chemins voisinaux, qui constituent un sol à l'état d'indivision, doit être à la charge des propriétaires auxquels ils servent, et qui sont tenus en commun des réparations à y exécuter (1).

Indépendamment des chemins, dont nous venons de parler, il en existe d'autres qui srvent au passage des troupeaux. On les nomme *carraires*. On les divise en deux classes, les grandes et les petites.

(I) Le sol des chemins voisinant, dit **Dubreuil**, devient en quelque sorte public entre les co-usagers.

Dalloz dit à ce sujet V· *voirie par terre* répertoire n· 1488 : Les chemins *voisinaux*, appelés aussi d'*exploitation* ou de *desserte* n'appartiennent pas privativement à chacun des propriétaires du fonds qu'ils traversent, ou audevant duquel ils sont tracés pour la partie qui touche son fonds ; mais présumés établis en vertu d'une convention ancienne intervenue à l'origine entre tous les propriétaires intéressés (destination du père de famille, attributions en vertu d'un partage, etc.) ils sont réputés appartenir en commun à tous ces propriétaires. D'où il suit que chacun d'eux peut réclamer passage sur le voisin, dans son entier, sans rapporter un titre, comme il y serait obligé s'il s'agissait de l'exercice d'une simple servitude (C. civil 691), cette jouissance étant exercée non à titre de servitude mais à titre de propriété. Les auteurs de la jurisprudence sont unanimes sur ce point.

Les grandes, que l'on nomme aussi *carraires générales*, sont celles qui sont destinées au passage des grands troupeaux *transhumans* allant, pendant l'été, de la Basse-Provence dans les montagnes pastorales de la Haute-Provence, du Dauphiné, des Alpes, de la Savoie et du Piémont, et redescendant en hiver dans la Basse-Provence, et particulièrement dans les vastes plaines de la Crau.

Les petites *carraires* ou carraires particulières, sont celles qui sont ouvertes dans le territoire des diverses communes pour favoriser le passage des troupeaux d'un quartier à l'autre, ou pour joindre les grandes carraires.

Ces voies sont aussi anciennes que la Provence.

Les carraires, qui ne sont pas à proprement parler des chemins publics, car ils font partie des propriétés qu'ils traversent et n'existent, à vrai dire, qu'à titre de servitude, sont régies par un règlement du Parlement de Provence du 21 juillet 1783, toujours en vigueur.

Les grandes carraires comportaient une largeur *maxima* de 20 mètres (10 toises) et *minima* de 5 mètres (2 toises 1/2), et les petites ne devaient pas avoir plus de 5 mètres.

Des arrêtés préfectoraux ont modifié dans les départements du Midi les dimensions des grandes carraires ; ainsi, dans les Bouches-du-Rhône, la largeur est réduite à 10 mètres.

CHAPITRE VIII.

DU LOUAGE.

Art. 1736.—Si le bail a été fait sans écrit, l'une des parties ne pourra donner congé à l'autre, qu'en observant les délais fixés *par l'usage des lieux*.

Art. 1738.— Si à l'expiration des baux écrits, le preneur reste et est laissé en possession, il s'opère un nouveau bail dont l'effet est réglé par l article relatif aux locations faites sans écrit.

SECTION I. — **Arrondissement de Draguignan.**

Dans tout l'arrondissement de Draguignan, les maisons se louent à l'avance, à partir de la Saint-Michel (29 septembre) et les loyers se payent de six mois en six mois et d'avance— le jour de la Saint-Michel et de Pâques. — Les appartements meublés se louent au mois; le prix est aussi payé d'avance, au commencement du mois à courir. — Les impositions des portes et fenêtres sont supportées par le propriétaire.

Canton de Draguignan.— Congé.— Pour être valable le congé doit être signifié avant la 3e fête de Pâques, s'il s'agit d'un bail verbal fait pour une année et commençant à la Saint-Michel. — Le jour de la Saint-Michel au plus tard, si le bail — toujours d'une année — a commencé aux fêtes de Pâques. S'il y a tacite reconduction et que le bail d'abord fait pour une année se conti-

6

nue, le congé ne doit plus être signifié qu'à Pâques, pour sortir à la Saint-Michel, quand même le bail aurait primitivement commencé à Pâques. — On suppose alors que l'on a recommencé le bail conformément à la règle générale qui est de considérer le bail comme consenti pour une année d'un Saint-Michel à l'autre, avec congé à Pâques. Telle est la jurisprudence du tribunal de Draguignan. — S'il s'agit d'un bail au mois le congé doit être donné 15 jours avant l'expiration de ce mois.

Canton d'Aups. — Les congés se donnent à Pâques (peu importe à quelle date de l'année tombent les fêtes de Pâques) pour les locations qui expirent à la Saint-Michel. Pour celles qui expirent à toute autre époque, il doit y avoir un intervalle de six mois entre le congé et la sortie. — Les congés se donnent aussi avant Pâques, quand le bail est celui d'un bien rural.

Canton de Callas. — Les congés se donnent à Pâques.

Canton de Comps. — Les congés se donnent six mois à l'avance, lorsque les baux ont été faits sans écrit. — A défaut de congé, l'acceptation des clefs fait cesser toute réclamation contre le locataire.

Fermage des prairies naturelles, herbes d'hiver, herbes d'été. — Donner à location l'herbe d'hiver, d'un pré, c'est donner au fermier le droit de faire pâturer les bestiaux depuis le 29 septembre jusqu'au 2 février; celle d'été, depuis le commencement de juin jusqu'au 29 septembre. Le fourrage destiné à être mis en grenier s'appelle *l'herbe de mai.* — Les fermiers des biens ruraux jouissent d'ordinaire des herbes d'hiver et d'été qui dépendent du chef-lieu d'exploitation. — Ils s'abstiennent d'introduire les bestiaux de la ferme dans les prairies à partir du 2 février et jus-

qu'après la coupe de l'herbe de mai qui se fait dans la 1re quinzaine de juin.— En février, mars, avril et mai ils les font paitre
sur les chaumes et sur les gazons qui ne sont pas destinés à être
fauchés. — Tous ces usages sont suivis sans difficulté et sans la
moindre équivoque. On traite ordinairement avant l'hiver de la
vente des fourrages à récolter en juin. La récolte en est faite par
les soins de l'acheteur. Le prix en est payable le 15 août, sans
qu'il soit besoin de convenir de ce terme.

Le prix des pailles vendues au moment des foulaisons est payable comptant et immédiatement après la livraison.

Arrhes.— Il est d'usage de les doubler ou de les abandonner,
par celui qui les donne, lorsqu'il s'écoule plus d'un jour depuis
qu'elles ont été reçues.

Abeilles.— Le fermier ou le propriétaire qui suit un essaim ne
devrait pas être considéré comme l'ayant perdu de vue, lorsque
des accidents de terrain ou des précipices l'obligent à faire des
détours. Il devrait suffire de l'avoir suivi un instant pour pouvoir
s'en emparer, en le retrouvant arrêté peu après (1).

Bestiaux. — Le fermier ou le propriétaire lésé par le passage
des bestiaux peut forcer celui des troupeaux qui fréquentent le
quartier à les faire passer près des champs endommagés, et c'est
le troupeau qui y court ou qui bèle, si on le retient, qui est censé
avoir commis le dommage.

Canton de Fayence. — Dans un bail verbal, le congé se donne
six mois avant l'expiration du bail. — Il en est de même quand
le bail se renouvelle par tacite reconduction.

Canton de Fréjus.— Les congés n'étant pas valables s'ils n'ont

---

(1) C'est là une simple opinion. La solution de la difficulté doit dépendre des circonstances

été signifiés et ne pouvant pas être l'objet d'une preuve testimoniale, l'usage à Fréjus est de les donner devant le juge de paix et note en est prise.

Quand il s'agit de biens ruraux, les congés se donnent lors des paiements, c'est-à-dire, après la récolte de la denrée la plus précieuse, si les paiements sont en argent; et au moment de la récolte, s'ils sont en denrées.

Canton de Grimaud. — On distingue entre les baux des maisons, d'écuries et d'immeubles ruraux.

Baux de maisons. — Si le prix de location est stipulé à tant par mois, le congé doit être donné ou reçu un mois à l'avance. — S'il est stipulé à tant par an, le congé doit être donné et reçu, six mois à l'avance, aux échéances de Pâques et de Saint-Michel.

Baux d'écurie, avec grenier à foin. — Le congé dans ces baux doit être signifié avant le 1er novembre pour le 1er mars d'après, et non en avril pour le 1er novembre suivant. La raison en est qu'à cette dernière époque, les greniers sont encore remplis de paille et fourrages, dont le déménagement serait coûteux et dommageable au locataire, tandis que la sortie en mai ne présente pas ces inconvénients, les greniers étant généralement vides à cette époque.

Baux de biens ruraux, à portion de fruits. — Le congé est signifié un an à l'avance de Saint-Michel à Saint-Michel. — Cet usage est avantageux aux deux parties, qui ont ainsi un temps suffisant, l'un pour chercher un fermier, l'autre pour se procurer une ferme, et de plus le fermier, avisé à l'avance, se met en mesure de laisser les travaux qu'il a trouvés à son entrée; il le dispense en outre de faire des défrichements et autres travaux de cette nature dont il ne pourrait profiter à cause de l'expiration de son bail.

Il serait à désirer qu'on pût prouver un congé donné verbalement, quand la location annuelle ne dépasse pas 150 fr. — Pour les baux à portion de fruits, on pourrait admettre la preuve testimoniale du congé, lorsque l'impôt foncier de la propriété, donnée à bail, ne dépasserait pas 25 fr.

Conton de Lorgues. — Les délais pour les congés sont de six mois.

Canton du Luc. — Pour les maisons, les locations courent, en général, d'une année à l'autre. — La Saint-Michel est le jour du départ. — Pour les écuries et greniers à foin, du 1er mai au 1er mai suivant. Les congés, pour les maisons, doivent être signifiés dans la huitaine de Pâques au plus tard; et dans la huitaine de Saint-Michel pour les écuries et greniers à foin. — Point de règle fixe pour l'époque du paiement qui dépend entièrement de la convention des parties. Idem pour les baux de la campagne.— Autrefois les congés se donnaient verbalement. Depuis quelques années, on exige qu'ils soient signifiés par huissier, en sorte que pour les malheureux qui ont un modeste logement, il en coûte presque autant pour sortir que pour y demeurer toute l'année. Pourquoi les congés ne seraient-ils pas donnés par un simple billet d'avertissement devant le juge de paix, ou par toute autre voie qui ne coûterait rien à employer ?

Canton de Saint-Tropez. — On donne congé avant Pâques jusqu'au samedi Saint inclusivement, et avant la Saint-Michel pour Pâques. Quant aux écuries, dont le bail commence au 1er mai, les congés sont signifiés au moins quatre mois à l'avance. On a par conséquent plus de six mois pour les donner, depuis le 1er mai jusqu'au 24 décembre de la même année.

Section II. — Arrondissement de Brignoles

Canton de Brignoles. — Toutes les locations de maisons sont censées faites pour un an et commencer à la Saint-Michel. — L'on donne congé six mois à l'avance, c'est-à-dire, aux fêtes de Pâques, avec une faveur de 15 jours soit avant soit après cette époque. Cet usage existe de temps immémorial et s'applique aux baux des maisons entières, comme des appartements séparés.

Canton de Barjols. — Pour les baux *des maisons*, le congé est donné six mois à l'avance, à Pâques pour la Saint-Michel.— On le signifie ordinairement *dans la semaine* avant Pâques. Plus tard il ne serait pas valable. — Alors même qu'un bail de maison aurait commencé à Pâques, le terme est toujours fixé à la Saint-Michel, parce qu'il est plus facile alors aux propriétaires de maisons de trouver des locataires et aux locataires de trouver des maisons. Par suite c'est toujours à Pâques que les congés doivent être donnés.

Pour les *greniers à foin*, les locations se font du 1er mai à pareille époque de l'année suivante, et les congés se donnent six mois à l'avance. Les congés se donnent quelquefois dans la dernière quittance des loyers. L'usage le plus fréquent est de les signifier par huissier.

Canton de Besse. — Les maisons sont louées du 29 septembre au 29 septembre de l'année suivante, et le congé se donne avant les six derniers mois, c'est-à-dire, avant les fêtes de Pâques.— Un nouvel usage commence à s'introduire, c'est celui par lequel, pour éviter les frais d'un congé à donner ou à recevoir, le propriétaire déclare par écrit sur son dernier reçu, que le bail finira, de plein droit, sans qu'il soit besoin de donner congé, pour le 29 septembre prochain.

Baux à ferme, sans écrit, sont censés faits pour le temps nécessaire pour qu'on puisse recueillir tous les produits du terrain affermé. Ainsi ceux des prairies pour un an, ceux des terres labourables et bladables, divisées par assolements, quoique complantées de vignes et d'oliviers pour deux ans. — Il faut néanmoins remarquer que le fermier d'une prairie, qui l'aurait faite lui-même, reçoit une indemnité proportionnée aux frais d'établissement de la prairie, s'il ne la garde qu'un an.

Les baux des parcelles complantées d'oliviers seulement sont censés faits pour deux ans, parce que le fermier depuis 1820 (année fatale à la Provence, où tous les oliviers périrent par suite d'une forte gelée) ne fait qu'une récolte d'olives dans deux années. — L'émondage des oliviers, dans les baux à ferme sans écrit, ou dans ceux écrits, mais expirés, n'est obligatoire qu'après la récolte ordinaire. — Dans les baux à ferme, sans écrit, le fermier doit engraisser les parcelles qui seront ensemencées de blé. Depuis que l'usage des tourteaux a été introduit comme engrais, le fermier doit employer 100 kilogrammes de tourteaux environ par chaque double décalitre de blé ensemencé.

Le fermier, à défaut de clauses contraires écrites, doit tailler la vigne sur deux boutures (*bourros*) et une réserve (*agassin*); il doit la bêcher et la biner. Dans la commune de Besse, l'usage a introduit une location des terres arrosables, non comme dans les autres communes.— Les propriétaires des parcelles arrosables louent aux agriculteurs des parties de ces parcelles pour y faire une récolte de pommes de terre, et dans cette location le propriétaire retire l'avantage d'avoir sa partie ou les parties de terre engraissées avec des engrais de litière. — Le propriétaire reste encore chargé de l'arrosage des pommes de terre et du charriage de l'engrais.

Usages sur les salaires des gens de la campagne. — La journée des cultivateurs commence en toute saison à 8 heures et finit en hiver à 4 heures ; en été à 5 heures. L'heure de surplus, dans la belle saison, est employée à des moments de repos, dans le courant de la journée.—Le prix de la journée à défaut de convention contraire est de 1 fr. 50 pour les hommes et de 0,60 pour les femmes. Certains travaux de la campagne sont mieux salariés —La taille de la vigne, l'émondage des oliviers sont payés à 2 fr. par jour.— Le faucheur gagne 3 fr. et travaille de 6 heures du matin à 6 heures du soir (1).

Canton de Cotignac. — Le bail verbal étant censé d'un an, l'usage veut, si on a l'intention de résilier, que l'on se prévienne mutuellement six mois à l'avance. Si l'entrée a eu lieu à la Saint-Michel, c'est avant l'expiration du jour de Pâques que le congé doit être donné et *vice versâ*, si l'entrée a eu lieu à Pâques: sinon il y a tacite reconduction.

Canton de Saint-Maximin.— Les baux à loyer se font d'usage à l'année, à partir du 29 septembre. — Les congés doivent donc être donnés avant le jour de Pâques, c'est-à-dire environ six mois à l'avance pour les *maisons ;* — un mois seulement à l'avance pour les *greniers, caves et cuves* ; et en outre pour ce qui regarde les greniers à paille ou à foin, le locataire sortant doit

(1) Inutile de faire remarquer que ces salaires ont singulièrement augmenté depuis 20 ans. Le taux des journées d'homme varie entre 2 fr., 2 fr. 50 et 3 fr. Une journée de labour à un seul collier se paie 6 fr., etc.

faire place au locataire entrant, au mois de mai , pour le foin, et à la récolte pour la paille, sans être néanmoins tenu de vider les lieux.

Canton de Rians.—Les congés se donnent six mois à l'avance; le bail commençant à la Saint-Michel, on peut donner congé jusqu'au 29 mars , ou jusqu'aux fêtes de Pâques , si elles sont postérieures à cette époque.

Canton de la Roquebrussanne.— Les baux à ferme écrits commencent ordinairement le 15 août ou le 29 septembre pour finir à pareil jour.— Les baux à ferme verbaux sont au moins de deux ans. — Le délai pour donner congé dans les deux est, *comme pour les baux à loyer,* de six mois avant leur expiration.

La variété des produits agricoles dans le canton fait qu'il n'a pas été établi d'époque fixe pour le commencement et la fin de tous les baux ruraux. La mègerie ou partage à mi-fruit est le plus usité, parce que l'éventualité des produits et l'énorme différence qui se rencontre , d'une année à l'autre , dans le prix des denrées , sont cause que le propriétaire est intéressé à recevoir le prix de son bail en *fruits,* et en proportion du rendement et le préfère à tout autre. Ces baux se font toujours pour deux ans.

Les baux à loyer ont lieu communément pour une année qui commence au **29** septembre. Le congé doit être donné le *jour de Pâques,* ou *au plus tard les deux jours suivants.*

Canton de Tavernes.— Le bail d'une maison se fait pour un an à partir du 29 septembre. Le congé se donne au plus tard dans la quinzaine qui suit le jour de Pâques : il est donné ordinairement sans témoins. Mais lorsque les parties sont en méfiance , elles prennent des témoins. Le bail des terres semables est censé

fait pour deux ans; celui des prairies pour un an à partir de la
Saint-Michel; celui des pâturages dans les bois et jachères, pour
une saison du 1er octobre au 15 mars. — S'il n'a pas été donné
congé dans les baux de maisons il s'opère une tacite reconduction.

SECTION III. — Arrondissement de Grasse

Canton de Grasse. — Le temps utile pour les congés est de
quinze jours pour les baux à mois et quant à ceux de l'année, le
congé doit être donné avant le jour de Pâques. Le bail à l'année
commence à la Saint-Michel et finit à pareil jour. Le bail des
greniers à foin soit isolés, soit avec appartements et écuries,
commence dans le courant de mai et finit le même jour, l'année
d'après.— Souvent le locataire sortant se borne à laisser une
place suffisante au locataire entrant, sans abandonner la totalité
du grenier. D'ailleurs le locataire est tenu de remettre le grenier
en tout ou en partie au mois de mai, suivant qu'il lui a été remis
lors de son entrée.

La loi exige que le congé soit signifié, puisque la preuve testimoniale n'est pas admise; mais comme il y a un grand nombre
de baux dont le prix est modique, et que la signification d'un
congé est onéreux à de petits propriétaires ou à de pauvres jour-
naliers, le juge de paix pare à ces inconvénients, en faisant
comparaître, sans frais, les parties qui se donnent congé en sa
présence. Il inscrit cette déclaration sur son registre. — La dénégation alors n'est plus possible de part ni d'autre, ou elle est
sans effet.

Baux à ferme. — Les congés se donnent au mois d'août au

moment du partage du blé, pour que le bailleur et le preneur aient le temps, l'un de chercher un nouveau colon, l'autre, une nouvelle ferme. Quand le congé est donné dans ces conditions, les parties n'ont rien à se répéter, et le fermier a encore droit à la récolte d'olives et à celle du blé qu'il a semé. Mais l'usage, consacré par le tribunal de Grasse, permet à la volonté des parties de rendre cettte règle illusoire en donnant la faculté au propriétaire de renvoyer instantanément, à toute époque de l'année, et sans motif, son colon partiaire, et à celui-ct de quitter également la propriété sur laquelle il se trouve.|Usage contraire au principe du colonage, qui n'est qu'une société entre le propriétaire et le colon, partant un contrat synallagmatique. On dit bien qu'il y a réciprocité et par suite, égalité parfaite; mais au fond, cette égalité n'existe pas. Souvent, il est arrivé qu'à la veille d'une belle récolte, un propriétaire, dans la vue sordide du lucre, renvoie son fermier, et quoique, daus ce cas, ce dernier doive être indemnisé, cependant l'indemnité, fixée per experts, d'après le rendement probable, diminue par l'évaluation de cas fortuits, auxquels la récolte est exposée, par celle de l'élagage, des frais de cueillette, qui sont déduits sur |la portion du colon. Cet élagage, cette cueillette, le colon aimerait mieux les faire lui-même : il ne saura peut-être pas, une fois hors de la ferme, comment utiliser ses bras. Si c'est le colon qui veut se retirer, il n'a droit qu'au paiement de ses travaux, et le propriétaire, s'il croit le prix des travaux supérieur à la récolte, peut obliger le colon à la recueillir. Ainsi dans le premier cas, l'option est refusée au colon; dans le second, elle est donnée au propriétaire.

Dans les deux cas, le juge de paix de Grasse croit devoir du moins, quand il connaît de la cause, mettre à la charge de celui des deux qui veut rompre le contrat, le coût du compromis en nomination d'experts, les honoraires de ceux-ci et les frais du rapport. En résumé, l'usage de Grasse est mauvais, bien qu'on le justifie encore en disant que, quand il y a mésintelligence entre deux associés, il doit leur être permis à tous deux de résilier le contrat. Le colon partiaire, à moins de conditions contraires, n'a droit qu'à *un tiers* sur la récolte des olives, comme il ne doit qu'*un tiers* de l'élagage des oliviers, qui a lieu tous les deux ans. Plusieurs propriétaires font cependant supporter à leurs fermiers la *moitié* des frais d'élagage de ces arbres. Il y a néanmoins des colons qui perçoivent les *deux cinquièmes* de la récolte ; il s'en trouve même qui reçoivent la *moitié*, en se soumettant à des conditions plus ou moins onéreuses, mais la règle générale est celle qu'on vient de tracer.

Fours. — Le ramillier, celui qui fournit le bois ou les broussailles nécessaires à l'alimentation du four et les fournières, sont attachés aux fours pour une année, à partir de la St-Michel, et pour éviter la tacite reconduction, c'est aux fêtes de Noël que doit être donné le congé. Le propriétaire ou locataire du four, le donne à un ramillier et établit également une fournière. Le ramillier, de son côté met deux fournières, dont une est *maitresse de pelle*, chargée plus spécialement de la cuisson du pain. Le produit du four se divise en huit *cartons* ou parts, qui sont dévolues 4 au ramillier, une au propriétaire et les trois autres, une à chacune des fournières. Lorsque le pain est enlevé du four, on y met à cuire des plats de divers particuliers, moyennant une rétribution de 5 ou dix centimes par plat, et la somme en provenant est partagée entre le ramillier et la maitresse de pelle, à l'exclusion du propriétaire et des autres fournières. Les *cartons* ou parts sont consommés ou vendus le jour du partage des produits du four; mais il est d'usage que le ramillier, qui a 4 parts sur 8 et souvent 5, lorsque sa femme est maîtresse de pelle, vend, pour l'année à des particuliers un, deux ou trois cartons, moyennant une somme convenue d'avance.

Canton d'Antibes. — Le code civil y est appliqué; toutefois les congés s'y donnent toujours verbalement de Pâques au 1er mai. Mais le tribunal de Grasse exige *un congé écrit* et on se conforme à sa jurisprudence.

Les baux à ferme, qui sont en général verbaux, ne peuvent être résiliés qu'autant que le colon a mal cultivé. Dans ce cas, c'est toujours à dire d'experts que l'indemnité à recevoir ou à donner est réglée, tant pour les mal-façons que pour les travaux faits et les récoltes pendantes.

Canton de Saint-Auban. — Les baux à loyer se font ordinairement pour un an, qui commence à St-Michel; les baux à ferme pour deux ans, qui commencent du 1er au 15 mars. Rien sur les congés.

Canton du Bar. — Les baux à loyer commencent pour les maisons à la St-Michel, pour les greniers à foin au mois de mai. Ils sont faits pour un an; les congés sont donnés aux fêtes de Pâques pour les maisons, et dans les premiers jours de mars pour les greniers.

Baux à ferme. — Sont censés fait pour autant d'années qu'il en faut pour la perception complète de tous les fruits et produits. Ils sont fixés à la taille de la vigne ou aux guérets Les congés se donnent pour les fêtes de la Noël. Les colons partiaires entrent et sortent à la Toussaint. Le propriétaire peut toujours les renvoyer en faisant estimer les récoltes auxquelles ils ont droit; le colon peut également quitter la propriété, mais il n'a droit qu'à ses travaux.

Canton de Cannes. — Les loyers ont lieu d'un St-Michel à l'autre. Les congés doivent être donnés à Pâques. La tacite reconduction a lieu pour un an, si le bail est à l'année. Pour les baux à ferme, les congés doivent être donnés *sur l'aire*, c'est-à-dire, à l'époque de la foulaison des grains.

Canton de Coursegoules. — Le congé se donne six mois à l'avance dans toutes les locations verbales et même dans celles par écrit, lorsqu'il s'opère un nouveau bail par tacite reconduction. Les baux en général sont au moins d'un an.

Canton de Saint-Vallier. — Le bail d'une maison est toujours censé fait pour un an qui commence le 29 septembre. Les congés se donnent à Pâques ou avant, mais jamais après.

Canton de Vence. — Le congé se donne dans quelques localités avant le 15 mai et dans d'autres avant le 31 du même mois. Pour les greniers, le congé doit être donné dans le cours du mois de mars. Le bail commence le 29 septembre et dure ordinairement un an.

Pour les greniers à foin et à paille, l'an du bail commence dans certains lieux au mois de mai et dans d'autres le 24 juin.—Lorsque le bail n'est fait que pour un an, il n'est pas nécessaire de donner congé; on ne le donne qu'en cas de continuation du bail par tacite reconduction. — *Pour les baux à ferme*, ils commencent à l'époque de la taille de la vigne ou à celle des guérets. Ils sont faits pour un an, s'il s'agit de biens dont les récoltes se perçoivent annuellement; pour deux ans, si les récoltes ne sont censées complètes que dans l'intervalle de deux années, et pour autant d'années qu'il y a de soles, s'il s'agit de terres labourables, se divisant par soles. — Les congés se donnent à la Noël, pour les baux à ferme, commençant à la taille de la vigne, et à Pâques, pour les baux qui commencent aux guérêts.— Dans ces baux, comme dans ceux à loyer, le congé ne doit être signifié qu'au cas de tacite reconduction.

Les baux à colonage partiaire forme la presque totalité des baux de ces contrées. Les colons sont plutôt les associés du propriétaire que ses fermiers. Ils partagent avec lui les fruits par égales parts, sauf les olives sur lesquelles le propriétaire prélève un 10e pour l'indemniser des frais d'entretien des bêtes, bâts et cordages, fenure des animaux servant à l'exploitation, impositions, etc., qui sont habituellement à sa charge : dans quelques localités, il est, en outre, prélevé un 10e sur le blé en faveur du propriétaire.

Section IV. — Arrondissement de Toulon

Cantons de Toulon. — L'année locative, dans les deux cantons, commence le 29 septembre à midi pour finir à pareil jour de l'année suivante à la même heure.— On ne peut donner congé que pour Saint-Michel et qu'avant la 1re fête de Pâques. Le locataire qui a reçu un congé ou dont le bail écrit expire doit, pour faciliter la relocation, laisser visiter, sans abus, les lieux qu'il occupe. Il doit aussi donner, le jour de l'expiration du bail, toute facilité au locataire entrant et réciproquement. A l'expiration d'un bail écrit, s'il y a tacite reconduction, le congé se donne, comme dans un bail verbal, avant la 1re fête de Pâques. — Pour les biens ruraux, le bail à mi-fruits est le plus usité. Le fermier est tenu de tous les frais d'exploitation et il partage les fruits avec le propriétaire, à l'exception cependant du *petit sol* qui reste au bénéfice du fermier. Ce *petit sol* consiste en legumes de toutes sortes, il ne s'exploite que dans le terrain ou dans les *faisses* que l'on destine, dans l'année, à être semées en céréales, à la charge par le fermier d'employer une demi fumure, pour obtenir cette récolte du demi-sol. Cette récolte terminée, le fermier est obligé de préparer ce terrain pour semer, en complétant la demi-fumure nécessaire.— Quoique les frais d'exploitation soient à la charge du fermier, ceux de la taille des oliviers se font en commun entre le propriétaire et le fermier qui se partagent le gros bois. — Le petit bois, c'est-à-dire les rameaux restent en bénéfice au fermier, à moins de stipulation contraire.—Peu de grands tènements, les biens sont morcelés à l'infini.

Pour les congés de biens ruraux, loués verbalement, même usage que pour les biens urbains. Il est encore d'usage dans les deux cantons que les bergers qui occupent des *jas* ou bergeries pour leurs troupeaux, jouissent de ces bergeries et du logement qui s'y trouve, sans payer de location; mais ils doivent laisser prendre par le propriétaire du *jas* tout le fumier qui s'y produit et dont il a fourni la litière ou *l'apaillun.*

Pour les congés relatifs aux jas, même usage que pour les biens ruraux et urbains.

Louage des domestiques et valets de ferme.—Le domestique qui se loue au mois peut donner congé en prévenant le maître huit jours à l'avance et réciproquement. Cependant le maître, qui ne veut pas accorder de délai, doit tenir compte du prix de ces huit jours, d'après les gages convenus, en compensant dans cette évaluation le logement, la nourriture et le blanchissage auxquels le domestique aurait eu droit, pendant ces huit jours, s'il eût continué son service.

Les valets de ferme, qui se louent à l'année, ainsi que leurs maîtres peuvent se donner congé respectivement en observant l'usage établi pour les biens ruraux et urbains.

Louage des nourrices. — A défaut de bureau de placement, qui prévoient et fixent les conditions dans lesquelles les nourrices font accepter leurs services, il existe certains usages sur la matière.—D'abord les conditions de l'allaitement, gages, blanchissage et trousseau peuvent se justifier de part et d'autres par témoins et par toutes sortes de preuves.

Le gage s'établit toujours à tant le mois. — Si la nourrice veut quitter le nourrisson qui lui a été confié, elle doit prévenir la personne qui lui a remis l'enfant 15 jours avant celui où elle se propose de le laisser, afin de lui donner le temps de trouver une autre nourrice. — Si c'est la personne qui a confié l'enfant qui veut changer de nourrice, elle doit aussi prévenir cette nourrice 15 jours avant celui où elle veut reprendre son enfant, afin de donner à celle qui est congédiée le temps de chercher un autre nourrisson.—La nourrice peut consentir à remettre de suite l'enfant, moyennant 15 jours de gage, qui lui sont adjugés à titre d'indemnité. — Il y a, néanmoins, exception à cette règle, lorsqu'il est prouvé que la vie de l'enfant est en péril, pour défaut de soins, mauvais traitement ou autre motif. Dans ce cas, il appartient à la sagesse du juge de paix de vider, en connaissance de cause, la contestation.

Canton du Beausset. — La location des maisons se fait pour une année entière, d'un Saint-Michel à l'autre. Le propriétaire et

7

le locataire doivent toujours se donner congé par voie d'huissier avant le jour de Pâques pour sortir à la Saint-Michel et jamais à cette dernière époque pour sortir à Pâques suivant, quand bien même le locataire serait entré en jouissance à Pâques même.— Les propriétés rurales sont, en général, affermées verbalement à deux époques.— La première et la plus ordinaire est celle de la taille de la vigne, commençant au premier novembre.

La 2me est celle des guérets commençant au 25 mars.

Les baux expirent aux mêmes époques de l'année suivante.

Dans les fermes dites *ménages*, où il n'y a que labours et troupeaux, l'époque de l'entrée et de la sortie des fermiers est le 8 septembre.

Le propriétaire et le fermier , s'ils veulent se séparer , doivent se prévenir mutuellement à la Saint-Jean , quand le bail a commencé à la taille de la vigne, à la Toussaint, quand il commence aux guérets.

Dans les ménages , c'est toujours six mois d'avance , c'est-à-dire le 8 mars.

Tous les produits de la propriété sont partagés entre le propriétaire et le fermier à l'exception du vin dont les 3/5mes appartiennent au propriétaire. — Depuis quelques années cependant plusieurs propriétaires partagent également le vin avec le fermier — mais, dans ce cas, ils exigent que le fermier paie la moitié des impositions.

Le fermier est tenu de fumer la propriété autant que possible, avec du fumier noir , et s'il lui en manque , avec du fumier sec mais, dans ce cas, il doit mettre du fumier noir , le long de chaque rangée de vigne à droite et à gauche.—Les légumes peuvent être faits sur le chaume, sans fumier, excepté les haricots, pom-

mes de terre, les oignons et les aulx. Mais il est une proportion
à garder, c'est que sur dix *oulières* ou *faïsses* ou jachères, le
fermier ne peut en semer que trois au plus en légumes, pommes
de terre, etc. — Il ne peut aussi faire qu'une seule oulière de
fourrage dit *pasquiè* (*barjelado*) fourrage de ménévillon et
d'avoine sur la totalité de la propriété affermée. Ce fourrage lui
appartient exclusivement.

Le fermier est tenu de fournir à ses frais tous les animaux
et instruments ou ustensiles, nécessaires à l'exploitation de la
ferme. — Dans la commune de Saint-Cyr seulement, le propriétaire est tenu de fournir au fermier le grand crible (van), le double décalitre pour mesurer, le pressoir pour les raisins.

Si le propriétaire est possesseur d'une aire, d'une cuve, de
tonneaux, il doit les fournir sans rétribution de la part du fermier. En cas contraire, le louage en est fait à frais communs, à
moins de convention contraire stipulée d'avance.

Si la cuve et les tonneaux ne sont pas dans le même lieu, le
fermier est tenu seul du charriage du vin.— Le fermier est tenu
du transport de toutes les récoltes au domicile du propriétaire;
mais, s'il a trouvé la paille à l'aire, il n'est pas tenu en sortant
de la porter dans le grenier et doit la laisser sur l'aire (voir à
l'article 1777).

Lorsque le vin du propriétaire et celui du fermier sont confon-
dus dans le même tonneau et que l'un veut le vendre et l'autre s'y
refuse, ce dernier est tenu de payer au premier le montant de sa
portion au prix qui est offert. C'est ordinairement celui qui a la
portion la plus considérable qui a l'initiative de la vente ou du
refus.

La taille de la vigne doit commencer en décembre et être finie le 25 février. Les guérets doivent être commencés dans les premiers jours de septembre et être terminés vers la mi-octobre. Il n'ont lieu que pour une *oulière* ou faïsse et l'autre non.

La vigne doit être bêchée pour la première fois entre lé 1er février et le 25 mars (terme de rigueur); elle doit être binée *(réclaucho)* entre la mi-mai et le 24 juin, terme aussi de rigueur.

Le fermier est tenu de donner trois labours, un dans le courant de mars, le deuxième en mai et le troisième en septembre.

Les semailles doivent être commencées vers la mi-octobre et être finies en fin novembre. Les olives doivent être cueillies dès leur maturité; les oliviers émondés tous les deux ans dans les vignes et tous les trois ans dans les oliveraies.

Le fumier doit être enterré à la bêche dans les vignes à 35 centimètres au moins de profondeur; dans les *cros* ou plaines sans vignes, il est enterré à la charrue.

Lorsque la propriété est affermée à prix d'argent (rente fixe), le fermier est tenu aux mêmes obligations que le fermier à mi-fruits.

Le prix des fermages en argent doit être payé au plus tard à Noël, c'est-à-dire après toutes les récoltes faites. Le fermier à rente fixe est tenu de se fournir de tout ce qui lui est nécessaire pour l'exploitation et le placement des récoltes, habitation, loge à cochon, écurie, instruments, aire, cuve, tonneaux. Cependant si le propriétaire a des tonneaux, il peut obliger le fermier, à moins de conventions contraires, à placer le vin de la propriété affermée dans ses tonneaux, mais sans rétribution.

Le partage des fruits a lieu de la manière suivante: les grains à l'aire, après leur foulaison; le vin, au sortir de la cuve, ou ce qui est beaucoup plus usité, après la vente; l'huile, au moulin, et les autres fruits, secs ou frais, à l'époque de leur maturité, de leur cueillette, ou, comme pour les figues ou raisins secs, après la *sèche*. C'est toujours le fermier qui est chargé de la cueillette des fruits et de les faire sécher.

L'émondage des oliviers a lieu à frais communs, entre le propriétaire et le fermier. Le gros bois en provenant appartient au premier et est porté chez lui par ce dernier; les petits rameaux et le feuillage appartiennent au fermier. La confection des provins ou *cabus* des vignes est également faite à frais communs. Le bois en provenant appartient au propriétaire et doit être porté chez lui par le fermier.

Canton de Collobrières. — Le bail à loyer et le bail à ferme se font pour la Pâques et la Saint-Michel. Il est accordé six mois entre le congé et la sortie, c'est-à-dire de la Pâques au 30 septembre et réciproquement de l'une à l'autre de ces époques, lorsque, bien entendu, il n'existe pas de bail écrit.

Canton de Cuers. — Le bail des maisons ou appartements est censé fait à l'année ou au mois, mais rarement au mois. L'année commence le 29 septembre et finit à pareil jour et heure de l'année suivante. Le congé se donne avant le jour de Pâques pour la Saint-Michel· Par conséquent, le jour de Pâques arrivé sans qu'il ait été donné congé, on est lié pour l'année suivante. Dans les locations au mois, le congé se donne avant la première quinzaine du mois.

Bail d'une cuve vinaire. — Le loyer est de 1 fr. pour 530 litres (avec *boute*) par chaque cuvée.

Bail de tonneaux. — Le loyer est de 3 fr. pour chaque boute (530 litres).

Bail de jarres. — L'entrepôt d'huile dans les jarres est payé à raison de 25 centimes le quartier, mesure de 16|litres 1/2. Toutes ces locations ont pour durée la saison, c'est-à-dire d'une récolte à l'autre. Les baux d'oliveraies sont censés faits pour 2, 4 ou 6 ans.

Canton d'Hyères. — Le congé se donne 6 mois avant l'expiration du bail, indifféremment de Pâques à Saint-Michel et de Saint-Michel à Pâques. Pour tous les locaux servant à fabrication, tels que fours à cuire le pain, forge pour les serruriers, il y a exception. Le congé doit être donné un an à l'avance, mais toujours indifféremment de Pâques ou de Saint Michel. Il doit être signifié dans tous les cas par voie d'huissier, quand c'est le bailleur qui le donne. Quant aux locataires, ils sont dans l'usage de faire insérer dans la quittance de loyer, la stipulation de sortie. Quelquefois aussi le bailleur, d'accord avec le locataire, use du même moyen vis-à-vis de ce dernier. On loue les appartements, magasins à l'année, et le preneur peut sous-louer pendant la durée de son bail.

Baux verbaux d'immeubles. — Ils sont soumis aux mêmes règles, hors celles qui leur sont propres et dont voici le détail. Le congé doit être donné avant que le fermier ait commencé les travaux pour les récoltes de l'année suivante. La taille des oliviers a lieu tous les deux ans ou par moitié chaque année. L'assolement des terres doit avoir lieu pour les céréales. Cependant les terres laissées en repos peuvent recevoir des plantes légumineuses, mais à la charge par le fermier d'y mettre de l'engrais.

Le fermier sortant est soumis pour le congé à la même règle que le bailleur. Les prés artificiels comportent ordinairement un délai de bail verbal de 5 années au moins, pour que le fermier puisse se récupérer des dépenses occasionnées par la création d'une prairie.

Canton d'Ollioules. -- Les baux de maisons et biens ruraux, faits sans écrit, sont censés faits pour un an; dans les uns comme dans les autres, le congé doit être donné avant le jour de Pâques. Les biens ruraux s'afferment à rente fixe ou à mégerie. Le second mode est presque le seul usité, les fruits s'y partagent par égales parts. Le propriétaire cède souvent au fermier, pour une somme convenue, sa part au petit sol qui consiste en légumes, pommes de terre et fruits. Le prix du fermage à rente fixe se paye à la Noël, alors que le fermier peut avoir vendu son vin et son huile.

Canton de la Seyne. — Même solution que pour les cantons de Toulon.

Canton de Solliès-Pont. — Les baux verbaux de toutes les propriétés bâties ou non bâties sont censés faits pour un an. Ils commencent à Saint-Michel et finissent à pareil jour de l'année suivante. Cependant le fermier sortant perçoit encore, après cette époque, et à leur maturité, les récoltes dépendantes de la même année, telles que celles des olives et autres qui ne sont mûres que quelques mois après. Toutes les prairies naturelles et artificielles doivent être fauchées par le fermier sortant avant la Saint-Michel, sauf les luzernières, dont il peut différer la dernière coupe jusqu'au 15 octobre. Le congé se donne avant le jour de Pâques, excepté pour le louage des greniers à foin, qui est fait de Pâques à Pâques, à cause de la récolte du foin qui se perçoit en mai et ne se consomme que peu avant cette époque.

A la règle que les baux verbaux sont censés faits pour un an, il y a exception pour les terres sujettes à assolement et parcelles en oliviers, dont la récolte est ordinairement *bis-annuelle*. Pour ces natures de propriétés, les années de bail doivent toujours être en nombre pair, et ce n'est que pendant le premier semestre de l'année paire que l'on peut donner congé ou le recevoir. Dans nos terres non arrosables, divisées en faïsses ou planches par des allées de vignes, le fermier ne peut ensemencer en blé qu'une faïsse, l'autre non, et un cinquième en plantes légumineuses, de celles qui reposent la terre. La culture à donner à ces faïsses est de quatre œuvres de labour, ou de deux à la bêche, dont la seconde superficielle; mais la première, qui a lieu en avril ou en mai au plus tard, doit avoir de 25 à 30 centimètres de profondeur. Il en est de même pour les vignes, avec la seule différence que cette première œuvre, qui doit être faite en février, n'a ordinairement que de 12 à 15 centimètres.

Vente à un berger des herbes d'hiver d'une prairie artificielle ou naturelle. — A moins de clause contraire, dûment justifiée, le bail de ces sortes d'herbage cesse au 2 février, et le berger doit déguerpir le soir de ce jour-là, quand même il resterait encore de l'herbe à faire brouter. Quand le pacage a lieu, dans des terres agrestes, forêts ou mort-bois, le bail, qui a commencé en juin dure jusqu'au 15 avril, mais jamais au-delà; il est toujours censé fait pour un an et finit à cette époque, sans qu'il soit besoin de congé.

RÈGLES SUR LE BAIL A MI-FRUITS

Adoptées communément dans le Var

et l'arrondissement de Grasse

(Article 1763 du code civil).

Le bail à mi-fruits est un contrat qui tient du louage et de la société. Du louage , puisque le colon partiaire vient occuper les lieux, les exploiter en donnant au bailleur pour prix de la location, la moitié des produits ; de la société, puisque le propriétaire met en commun la jouissance de son domaine en fournissant tout ou partie des ressources, suivant les localités, quelquefois des engrais, pour avoir droit à la moitié des fruits, pendant que le colon partiaire apporte son temps et son travail.

On applique généralement au bail à mi-fruits les règles que l'usage a consacrées pour le bail à ferme ou à *prix fixe*, au sujet de la durée des baux, des époques d'entrée et de sortie, des facilités à procurer par le colon entrant au colon sortant, et réciproquement, et des divers genres d'assolement.

Les impositions sont payées par moitié, ce qui n'a pas lieu pour le bail à rente fixe. Les futailles de la cave sont entretenues par le propriétaire, le prix du mastic est payé par moitié. Le colon est chargé de laver et de soigner la cave. Le propriétaire fait tailler et cultiver à ses frais les nouvelles plantations de vignes et d'arbres pendant trois ans, jusqu'à ce qu'elles soient en rapport. Le tourteau est fourni par le maître et le colon dans des proportions qui varient suivant les localités ; ici le propriétaire fournit les deux tiers, ailleurs la moitié seulement.

Le colon partiaire fait à ses frais tous les travaux, toutes les cultures et toutes les récoltes. Il est tenu de transporter au domicile du propriétaire ou au marché la moitié des récoltes lui revenant. Il est obligé de transporter dans le domaine les pailles et les engrais achetés par le propriétaire ou d'aller prendre au domicile de ce dernier les vidanges, si la ferme est à portée. La paille et le fumier, produits de la propriété, ne peuvent en être divertis. Le colon partiaire doit laisser, en sortant, les cultures qu'il a trouvées, sauf si du consentement du propriétaire, il les a modifiées.

Les fruits d'un jardin fruitier sont, en général, réservés au propriétaire, à qui on doit laisser aussi les raisins à conserver pour le cellier. Le colon doit tailler ces arbres tous les deux ans. Le petit bois provenant de cette opération lui appartient. Après avoir avisé le propriétaire, il arrache les arbres à fruits, qui sont morts, et il profite du petit bois et des racines. Le gros bois appartient au propriétaire, et le colon doit le porter à son domicile.

Chaque année, il taille la vigne; les sarments sont partagés. Les produits de la basse-cour et du lapinier le sont également. Cependant il est assez admis que le propriétaire se contente de douze œufs par chaque poule, de deux poulets par couvée et de cinq lapins par mères entretenues dans le domaine. La nourriture des animaux de basse-cour est à la charge du fermier, à qui on abandonne les mauvais grains provenant de la récolte.

Le produit du porc appartient tantôt en en entier au fermier, à qui incombe alors nourriture; tantôt est partagé, et dans ce cas le maître contribue aux charges de l'engraissement.

CHAPITRE IX

DES SOUS-LOCATIONS

(Article 1753 du Code civil.)

Le sous-locataire n'est tenu envers le propriétaire que jusqu'à concurrence du prix de sa sous-location, dont il peut être débiteur au moment de la saisie et sans qu'il puisse opposer des payements faits par anticipation. — Les paiements faits par le sous-locataire, soit en vertu d'une stipulation portée en son bail, soit en conséquence *de l'usage des lieux*, ne sont pas réputés faits par anticipation.

SECTION I. — Arrondissement de Draguignan

Canton de Draguignan. — Le prix des baux à loyer faits pour un an doit toujours être payé par moitié et d'avance. Ces sortes de paiements ne peuvent donc être réputés faits par anticipation à l'encontre du sous-locataire et au profit du propriétaire.

Canton d'Aups. — Les loyers des locations et sous-locations se paient en deux termes, le premier en entrant le 29 septembre et le deuxième aux fêtes de Pâques suivantes. Les fermages des biens ruraux se paient habituellement après l'enlèvement de la principale récolte, savoir le 8 septembre pour les terres à blé, le 2 février pour les terres à huile, et le 29 septembre pour les prés.

Canton de Callas. — Le prix du bail doit être payé d'avance, moitié dès le commencement du bail et l'autre moitié à Pâquas, lorsque le bail date de la Saint-Michel.

Canton de Comps. — On y suit les prescriptions du code civil.

Canton de Fréjus. — En entrant, le locataire paie la moitié du loyer et six mois après, l'autre, qu'il s'agisse de bail de maisons, ou de fours à cuire le pain, ou de greniers à blé, ou d'écuries, ou de greniers à foin. S'il s'agit de baux ruraux, le paiement se fait après la récolte de la denrée la plus précieuse, s'il est stipulé en argent, et au moment de la récolte, s'il consiste en denrées.

Canton de Grimaud. — Si le prix du bail est stipulé à tant par an, il doit être payé par moitié, c'est-à-dire par semestre et d'avance; quand il s'agit d'écuries avec greniers à foin, les termes se paient le 1er mars et le 1er novembre, parce que c'est le 1er mai que commence d'ordinaire le bail de ces sortes de fonds. On vend quelquefois les fourrages à récolter en juin; le prix en est payable le 15 août, sans qu'il soit besoin de couvenir de ce terme. Si ce sont les pailles que l'on vend au moment de la récolte, ou soit des foulaisons, le prix en est payable comptant et immédiatement après la livraison (ces ventes sont une espèce de bail).

Canton de Fayence. — Le locataire doit payer la moitié du prix de sa location en entrant à la Saint-Michel et l'autre moitié six mois après, à Pâques, sans toutefois que le preneur puisse se prévaloir de cet usage, qui ne le dispense pas de justifier de sa libération par une quittance.

Canton de Lorgues — Les époques des paiements ne sont pas les mêmes pour toutes les communes du canton. Les locations de maisons se paient aux Arcs le 29 septembre, jour de la Saint-Michel; à Lorgues et dans les autres communes, moitié lors de l'entrée en jouissance (29 septembre), moitié aux fêtes de Pâques suivantes; quant au bail des écuries et greniers à foin, c'est le 15 mai qu'on en paye le loyer dans toutes les communes du canton.

Canton du Luc. — Aucun usage particulier à signaler.

Canton de Salernes. — En entrant en jouissance, le locataire paie la moitié du loyer et l'autre moitié à la fin de l'année.

Canton de Saint-Tropez. — Le prix est payable en deux termes et d'avance, à Pâques et à la Saint-Michl. Pour les écuries, le paiement se divise aussi en deux termes; mais les époques sont différentes, c'est le 1er mai et le 25 décembre.

Section II. — **Arrondissement de Brignoles**

Canton de Brignoles. — Il est rare qu'il survienne des sous-locations pendant la durée du bail et, dans ce cas, les paiements qui seraient faits à l'avance, ainsi qu'il est d'usage pour le principal locataire , c'est-à-dire à la Saint-Michel et à Pâques , ne sont point censés faits par anticipation.

Canton de Barjols. — Il est de règle que les paiements de location se font par six mois et d'avance, ce que le bailleur n'exige pas toujours rigoureusement ; les mêmes règles s'appliquent aux sous-locations.

Canton de Besse. — Les paiements des loyers des maisons et des sous-locations ont lieu par moitié de six mois en six mois et par avance, c'est-à-dire au 29 septembre et aux fêtes de Pâques. Ces deux échéances sont ainsi faites par l'usage, alors même que les fêtes de Pâques ne divisent pas exactement l'année.

Canton de Cotignac. — Rien à signaler.

Canton de Saint-Maximin. — Les paiement s'effectuent par semestre et d'avance. Cependant, en cas de cessation ou de résiliation de bail, le dernier semestre n'est exigible qu'à la sortie. L'usage est le même pour les sous-locataires.

Canton de Rians. — Le prix des locations est toujours payé par semestre et d'avance. Le premier paiement a lieu le jour de la Saint-Michel, en entrant, et le deuxième à Pâques. Ces paiements ne peuvent donc être réputés faits par anticipation à l'encontre du sous-locataire et au profit du propriétaire. D'ailleurs, les sous-locations sont très rares dans ce canton, où l'on ne loue jamais ou presque jamais des appartements garnis.

Canton de la Roquebrussanne. — Le prix du bail à loyer se paie par semestre et d'avance. Le sous-locataire ne peut donc être tenu à payer que le montant du semestre suivant.

Canton de Tavernes. — Les paiements se font la moitié à Pâques et l'autre moitié à la Saint-Michel.

Section III. — Arrondissement de Grasse

Canton de Grasse. — Le paiement du prix des baux s'effectue de deux manières : tantôt par moitié au moment de l'entrée en jouissance et l'autre moitié à la fin de l'année ; tantôt en totalité aux fêtes de Pâques. Ce dernier usage est basé sur cette considération que le propriétaire et le preneur se faisant réciproquement une avance de 6 mois, ni l'un ni l'autre n'est lésé dans ses intérêts.

Canton d'Antibes. — Rien à signaler.

Canton de Saint-Auban. — Loyer payable moitié aux fêtes de Pâques et moitié à la fin de l'an.

Canton du Bar. — Les loyers se paient habituellement, moitié au commencement, moitié à la fin du bail.

Canton de Coursegoules. — Le propriétaire n'a action pour le prix du loyer sur le sous-locataire qu'autant que le locataire ne le payerait pas.

Canton de Saint-Vallier. — Rien à signaler.

Canton de Vence. — Dans certaines localités, le prix de la location se paie à l'expiration de l'année du bail, et dans d'autres, par motié en entrant, moitié en sortant. Celui des biens ruraux se paie à l'expiration de chaque année de ferme.

SECTION IV. — Arrondissement de Toulon

Cantons de Toulon.—Le prix des locations se paie par 6 mois d'avance le jour de Saint-Michel à midi, et le premier jour des fêtes de Pâques à midi. Quelquefois les propriétaires, d'accord avec les locataires, et pour faciliter ces derniers, renoncent à cet usage et ne perçoivent le loyer que par trois mois et même par mois et d'avance. Les locataires en garni paient leur loyer par mois et d'avance.

Canton du Beausset. — Les loyers se paient de six mois en six mois et d'avance.

Canton de Collobrières. — Aucun usage particulier ayant force de loi n'existe dans ce canton.

Canton de Cuers. — Le loyer est payable par moitié et d'avance dans le cas de location à l'année. Le premier terme se paie le jour de Saint-Michel en entrant, et le second, le jour de Pâques. Pour les locations au mois, il est payable d'avance de mois en mois.

Canton d'Hyères. — Les locations se paient par six mois et d'avance.

Canton d'Ollioules. — Le loyer des maisons se paie par semestre et d'avance. à Pâques et à Saint-Michel. *Idem* pour les sous-locations. Le sous-locataire n'est tenu envers le propriétaire que jusqu'à concurrence du prix de sa sous-location. Les paiements faits par le sous-locataire ne sont pas réputés faits par anticipation. Ainsi les 6 mois de loyer d'avance, imputables sur les 6 derniers mois de jouissance et justifiés par un reçu, ne sont pas réputés payés par anticipation. Les paiements, faits par anticipation, ne dispenseraient pas le sous-locataire de payer une seconde fois, sauf son recours contre le principal locataire.

Canton de la Seyne. — Mêmes usages qu'à Toulon.

Canton de Sollès-Pont. — Le paiement du prix des baux se fait ordinairement en deux termes, savoir, pour les maisons, la moitié à Pâques et l'autre à Saint-Michel. Ces paiements n'ont

presque jamais lieu d'avance. Pour les terres, le premier paiement a lieu à Saint-Michel, le second à la Noël, quand il s'agit
de terres arrosables. Lorsqu'au contraire, il s'agit de terres non
arrosables, le premier paiement se fait à la Noël et le second à
Pâques, ainsi continuant d'année en année.

CHAPITRE X

DES RÉPARATIONS LOCATIVES.

(Code civil, articles 1754-1755.)

1754. — Les réparations locatives ou de menu entretien dont le
locataire est tenu, s'il n'y a pas de clause contraire, sont celles dési-
gnées comme telles *par l'usage des lieux* et entr'autres les réparations
à faire aux âtres, contre-cœurs, chambranles et tablettes des cheminées, — au recrépiment du bas des murailles, des appartements et
autres lieux d'habitation, à la hauteur d'un mètre, — aux pavés et carreaux des chambres, lorsqu'il y en a seulement quelques-uns de
cassés · · aux vitres, à moins qu'elles ne soient cassées par la grêle ou
autres accidents extraordinaires, et de force majeure, dont le locataire ne peut être tenu, — aux portes, croisées, planches de cloison
ou de fermeture de boutiques, gonds, targettes et serrures.

1755. — Aucune des réparations réputées locatives n'est à la charge
des locataires, quand elles ne sont occasionnées que par vétusté ou
force majeure.

§ I. — Arrondissement de Draguignan.

Cantons de Draguignan, de Callas, de Comps, de Fayence, de

Fréjus, du Luc, de Salernes. — L'usage y est absolument conforme aux prescriptions du code civil.

Canton d'Aups. — A moins de dégradations majeures, jamais les réparations locatives ou de menu entretien ne sont exigées par les propriétaires. En cas de contestations, c'est le code civil qui fait loi.

Canton de Grimaud. — Il est dérogé au code civil en ce que le locataire ne répare pas les soubassements qui ont une grande hauteur; qu'il n'est pas obligé de *blanchir et d'entretenir* la couleur des murs et des plafonds. Cet usage n'a rien d'équitable et rend le locataire peu soigneux des appartements loués. Il serait à désirer que la loi mît à la charge des locataires ces travaux d'entretien.

Canton de Lorgues. — Les réparations locatives sont presque toujours à la charge du propriétaire; mais c'est là une tolérance abusive, plutôt qu'un usage.

Canton de Saint-Tropez. — Les réparations locatives sont à la charge du propriétaire, à moins qu'il ne soit justifié qu'elles ont été rendues nécessaires par les dégradations du locataire. Ainsi le propriétaire paie les réparations des portes, croisées, targettes et serrures; celles du récrépiment des murs, celle du blanchissement à l'eau de chaux de tous les lieux d'habitation non tapissés, même celui des planchers des pièces tapissées.

Section II. — Arrondissement de Brignoles

Canton de Brignoles. — L'usage est conforme à la loi.

Canton de Barjols. — Dans la pratique, les bailleurs n'exigent guères de leurs locataires que le remplacement des vitres cassées, à moins qu'elles ne l'aient été par quelque accident de force majeure.

Canton de Besse. — On y suit les prescriptions du code civil. Lorsqu'un état des lieux a été dressé avant l'entrée en jouissance du locataire, celui-ci est tenu, en sortant, de remettre les lieux dans le même état où ils étaient au commencement du bail.

Canton de Cotignac. — L'usage est conforme au code civil et si, en vidant les lieux, le maître de la maison réclame à son ex-locataire la réparation de quelque petit dégât, celui-ci est obligé d'acquiescer à la demande, surtout s'il n'a pas eu la précaution de faire faire une estimation légale ou par amis communs. Dès lors, il est censé avoir pris le logement en bon état.

Canton de Saint-Maximin. — Aucune réparation locative, si ce n'est aux vitres cassées, n'est à la charge du locataire, à moins qu'il n'existe des dégradations volontaires de sa part, auquel cas il en devient responsable.

Canton de Rians. — Les réparations locatives énumérées dans l'article 1754 sont, avec quelques autres menues réparations de ce genre, les seules à la charge du locataire, lorsqu'il n'y a pas de clause contraire et qu'elles ne sont pas nécessitées par la vétusté, ou par un cas de force majeure, comme l'explique l'article suivant.

Cantons de la Roquebrussanne et de Tavernes. — Application du code civil.

SECTION III. — **Arrondissement de Grasse**

Cantons de Grasse, d'Antibes, de Saint-Auban, du Bar, de Coursegoules, de Saint·Vallier et de Vence. — On y suit exclusivement les prescriptions du code civil.

Canton de Cannes. — Les réparations locatives, comprises par l'usage, sont le remplacement des carreaux de vitre, des carreaux *composant le sol,* lorsqu'ils sont cassés en petit nombre, les réparations aux serrures.

SECTION IV. — **Arrondissement de Toulon.**

Cantons de Toulon, de la Seyne, de Collobrières, d'Hyères et de Solliès-Pont. — On ne s'écarte pas des prescriptions du code civil.

Canton du Beausset. — Les réparations locatives indiquées par l'article 1759 sont à la charge du locataire. Le propriétaire est tenu de faire blanchir à ses frais de trois en trois ans, à moins de conditions contraires. Les tapisseries et décorations de ce genre sont à la charge du locataire.

Canton de Cuers. — Les réparations locatives sont toutes à la charge du propriétaire.

Canton d'Ollioules. — Les réparations locatives consistent dans le remplacement des briques, carreaux, mallons, vitres, gonds, verroux, targettes, serrures lorsque ces objets n'ont pas dépéri pour cause de vétusté, dans le récrépiment des murailles jusqu'à la hauteur de 50 centimètres (la loi parle d'un mètre), dans la réparation des âtres, chambranles et tablettes de cheminées.

CHAPITRE XI

DE LA DURÉE DES BAUX A LOYER

(Code civil, articles 1758-1759.)

ART. 1758. — Le bail d'un appartement meublé est censé fait à l'année, quand il a été fait à tant par an; au mois, quand il a été fait à tant par mois; au jour, s'il a été fait à tant par jour. Si rien ne constate que le bail soit fait à tant par an, par mois ou par jour, la location est censée faite *suivant l'usage des lieux*.

ART. 1759. — Si le locataire d'une maison ou d'un appartement continue sa jouissance, après l'expiration du bail par écrit, sans opposition de la part du bailleur, il sera censé les occuper aux mêmes conditions, pour le terme *fixé par l'usage des lieux*, et ne pourra plus en sortir, ni en être expulsé qu'après un congé donné suivant le délai fixé *par l'usage des lieux*.

SECTION I. — **Arrondissement de Draguignan.**

Cantons de Draguignan et de Comps. — Rien à signaler.

Canton d'Aups. — Les locations urbaines sont généralement verbales. Elle sont censées faites pour un an du 29 septembre au 29 septembre suivant.

Celles des biens ruraux pour un an ou deux ans, jamais pour trois, l'assolement triennal n'étant pas connu dans le pays. Il n'y a pas de règle fixe pour l'époque de l'entrée en jouissance. La plus commune et la plus généralement reçue pour les grandes exploitations est celle du 8 septembre; les congés, pour ces sortes de baux, se donnent aussi avant Pâques. Les fermages s'y paient habituellement après l'enlèvement de la principale récolte, savoir le 8 septembre pour les terres à blé et le 2 février de chaque année pour les propriétés à huile et le 29 septembre pour les prés.

Canton de Callas. — Si le bail verbal a commencé à la Saint-Michel et que sa durée n'en ait pas été déterminée, il est toujours censé fait pour un an. S'il a pris son origine, postérieurement à cette époque, il expire tout de même à la Saint-Michel suivant, quoique l'année ne soit pas révolue. Quant aux baux des fonds ruraux, faits sans écrit, ils sont censés fait pour deux années, pour qu'il y ait perception par le fermier de tous les fruits et produits.

Canton de Fayence. — Si rien ne constate que le bail a été fait pour un an et pour telle somme, ou à tant par mois ou par jour (pour les appartements meublés), il est censé fait pour un mois aux prix et conditions allégués par le bailleur ou fixés par des experts. Si le bail continue par tacite reconduction, c'est aux mêmes conditions, c'est le même délai pour recevoir et donner congé.

Canton de Fréjus. — Les baux à loyer sont faits pour un an; ils commencent, en général, le 29 septembre ou le jour de Pâques. Il y a tacite reconduction, s'il n'a pas été donné congé soit par le locataire, soit par le propriétaire, six mois à l'avance. Les fours à cuire le pain, les greniers à blé, ceux à fourrage et les écuries ont des règles particulières. Les fours, soit qu'ils appartiennent à des particuliers ou à des communes, sont affermés pour une ou plusieurs années à partir du 2 février, soit en argent, *soit à part et à profit d'un ou plusieurs cartons.* Pour les greniers à blé, l'entrée a lieu en mai ou juin, avant l'entrée de la récolte; pour les écuries et greniers à foin, le bail commence le 1er mai pour que le locataire puisse renfermer ses fourrages. Ces diverses locations ont, pour les paiements et les congés, les mêmes règles que celles des maisons.

Dans les baux verbaux des terres, le fermier entre en mars pour faire les travaux de culture, et à la Saint-Michel pour habiter la maison d'exploitation. Ces baux sont consentis pour deux ans et continuent ainsi, lorsqu'il n'a pas été donné de congé, de part et d'autre, par tacite reconduction; mais ils ne peuvent finir une année impaire, comme la 3e, la 5e, la 7e, etc.

Canton de Grimaud. — Les baux des maisons, comme ceux d'écuries avec greniers à foin, sont censés faits à l'année; mais les premiers commencent à la Saint-Michel et les seconds au 1er mai. Les *laux* (terres essartées) sont donnés pour une longue suite d'années, moyennant une redevance annuelle en blé et divisés, en général, par douzièmes, dont un s'exploite chaque année. Ce sont surtout les grands propriétaires qui le pratiquent ainsi. Les herbes d'hiver d'un pré se donnent depuis le 29 septembre jusqu'au 2 février suivant; celles d'été, depuis le commencement de juin jusqu'au 29 septembre.

Canton du Luc. — Pour les maisons, les locations courent, en général, d'une année à l'autre. La Saint-Michel est le jour du départ. Pour les écuries et les greniers à foin, du 1er mai au 1er mai suivant.

Canton de Lorgues. — Les baux des maisons, d'écuries et greniers à foin sont faits pour un an.

Canton de Salernes. — Le bail d'une maison est d'un an, qui commence à la Saint-Michel et finit à la Saint-Michel de l'année suivante.

Canton de Saint-Tropez. — Les baux des maisons sont faits pour un an, commençant à Pâques ou à Saint-Michel; ceux des écuries s'ouvrent au 1er mai.

Section II. — Arrondissement de Brignoles

Cantons de Brignoles, de Cotignac et de Tavernes. — On se rapporte aux prescriptions du code civil.

Canton de Barjols. — On n'y connaît point les baux d'appartements meublés. Les locations s'y font ordinairement pour un an. C'est toujours ainsi qu'elles sont censées faites, à moins de stipulations contraires. Néanmoins, lorsqu'il n'y a pas de bail écrit, le bailleur ne pourrait expulser son locataire, ni celui-ci vider les lieux, si un congé n'avait pas été donné 6 mois à l'avance. (Voir aux articles 1736 et 1739.)

Canton de Besse. — Les baux écrits non renouvelés à leur expiration ou avant leur expiration, sont régis par les mêmes règles que les baux non écrits.

Canton de Saint-Maximin. — Les baux d'appartements meublés ne sont que de rares exceptions. Ils se font ordinairement par écrit, surtout lorsqu'ils dérogent aux usages communs.

Canton de Rians. — On n'y loue jamais ou presque jamais d'appartements garnis.

Canton de la Roquebrussanne. — Ces baux sont peu usités

dans ce canton. Si un bail de ce genre avait été continué par
tacite reconduction pendant plusieurs années, si le bailleur et le
preneur ne pouvaient justifier qu'il avait été fait à tant par an,
par mois ou par jour, et qu'ils convinssent du prix du loyer payé
précédemment pour l'année, ce bail serait régi par les règles
ordinaires et censé avoir commencé le 29 septembre à midi pour
finir à pareil jour et à la même heure.

Section III. -- Arrondissement de Grasse.

*Cantons de Grasse, Saint-Auban, Antibes, le Bar, Course-
goules, Saint-Vallier et Vence.* — Aucune particularité à
signaler. On y suit les règles du droit commun.

Canton de Cannes. — Les loyers en garni sont censés faits
au mois, tandis que les autres se présument toujours faits à
année.

Section IV. — Arrondissement de Toulon

Cantons de Toulon. — Pour les locataires en garni, qui paient
ordinairement leurs loyers par mois et d'avance, le congé doit
se donner le 15e jour avant l'expiration du mois.

*Cantons du Beausset, Collobrières, Cuers, Hyères, Ollioules,
la Seyne et Solliès-Pont.* — Aucun usage spécial dérogeant au
droit commun.

CHAPITRE XII

Des Obligations des Fermiers à leur entrée et à leur sortie

Article 1777 du Code civil. — Le fermier sortant doit laisser à celui qui lui succède dans la culture, les logements convenables et autres facilités pour les travaux de l'année suivante, et réciproquement le fermier entrant doit procurer à celui qui sort les logements convenables et autres facilités pour la consommation des fourrages et pour les récoltes restant à faire. *Dans l'un et l'autre cas, on doit se conformer à l'usage des lieux.*

SECTION I. — **Arrondissement de Draguignan.**

Cantons de Draguignan, d'Aups, de Callas, de Comps, de Fréjus, de Salernes, de Lorgues et du Luc. — Rien de particulier à signaler. C'est le code civil qui sert de règle. Les fermiers sortants doivent laisser les travaux dans l'état où ils les ont trouvés en entrant. Une obligation générale, c'est qu'ils doivent avoir exploité en *père de famille.* Le propriétaire ou même le fermier nouveau ont le droit de faire constater par une expertise si cette condition a été remplie par celui qui sort.

Canton de Grimaud. — Dans les baux à ferme, le fermier entrant se charge ordinairement des animaux attachés à l'exploitation, tels que bœufs, vaches, chevaux, mulets, ânes et juments. Les vaches sont estimées avec leurs veaux, âgés de moins d'un an, au moment de l'entrée du nouveau fermier, et en présence de l'ancien. Les veaux au-dessus d'un an, appelés taureaux, sont aussi estimés et confiés au nouveau fermier *à part et profit*. Il en est fait de même pour les jeunes chevaux. Le propriétaire, qui a confié à son fermier des animaux *à part et profit*, s'est réservé tacitement le droit de prélever au moment de la vente de ces mêmes animaux le prix d'estimation. Le croît des vaches et juments se partage à la fin du bail, et pendant sa durée, le prix de chaque animal vendu est partagé entre le propriétaire et le fermier. Les bœufs de labour sont estimés à l'entrée du fermier et doivent être rendus sur nouvelle estimation à la fin du bail. Quelques propriétaires passent acte notarié de la remise des bœufs de labour aux fermiers et stipulent à leur profit un intérêt de 5 o/°. D'autres font le même traité verbalement, mais en ayant soin de mentionner cet accord à la suite des conditions du bail sur le livret du fermier.

L'usage s'était introduit, depuis la Révolution, de livrer, après estimation, les bœufs de labour aux paysans, qui n'avaient pas les moyens de s'en procurer. Le preneur répondait de la valeur de ces animaux et s'obligeait, en outre, à une redevance annuelle de 4 doubles décalitres de blé par chaque animal (1 charge par paire de bœufs). Cet intérêt était évidemment usuraire, car le prix du blé était très élevé sous l'Empire. Ce n'est qu'en 1816 qu'on songea à détruire cet abus. Depuis lors ces sortes d'arrangements ne sont plus d'un usage général, mais ils continuent moins ouvertement. Il est curieux de constater à ce sujet la satisfaction réciproque des parties contractantes Le paysan était tout aussi content du service qui lui était rendu par la remise des bœuf, que le propriétaire pouvait l'être du placement avantageux de ses fonds.

Les usages locaux, signalés par le rapport de M. le juge de paix de Grimaud, comprennent aussi quelques particularités de ce canton, relatives aux procédés de culture qu'il est utile de reproduire.

La culture que les fermiers doivent donner aux terres de la plaine consiste en 4 raies de labour : c'est l'usage invariable pour les travaux de préparation des céréales. Les vignes et les plantations d'oliviers sont cultivées par *deux* raies de labour. Il existe d'autres terres semables, connues sous le nom de *laux*. Ces terres, classées dans le cadastre sous le nom d'*essarts*, et vulgairement appelées *messuguières*, peuvent être ensemencées tous les six ans. Quand la messuguière n'est pas trop fournie, la charrue enlève facilement les cistes et autres petits arbustes. On distribue tout ce bois par petits tas, qu'on a soin de distancer d'une manière convenable, en évitant, autant que possible, de les placer à côté des arbres utiles. Cela fait, on met des pierres sur chaque tas, pour que le vent n'en dérange pas la disposition. On laboure de nouveau la terre vers le mois de septembre et on met le feu aux tas de bois avant les pluies équinoxiales. Après avoir brûlé, comme on dit, les *saquières*, on étend la terre calcinée et on sème à la suite.

Les *taillades* diffèrent des *saquières*, en ce qu'elles se font sur l'étendue d'un petit bois, mêlé de bruyère et de genêts épineux. La charrue ne peut pénétrer dans ce bois, qu'après que les petits pins et autres arbustes ont été abattus au moyen d'un fer fixé au bout d'un long manche appelé *vibou*. Il arrive souvent qu'on ne taille que sur les lisières de la propriété. Pour la partie restante, on y met le feu, qui fait sa part du travail; mais après cette opération, il faut tailler de nouveau et abattre ce qui reste

debout. Se charger d'une *saquière* ou d'une *taillade*, c'st s'obliger à faire ce travail suivant l'usage des lieux. Sous l'ancien
régime, ces travaux étaient parfaitement réglés et s'éxécutaient
avec de grandes précautions. Le colon ne manquait pas de
laisser, au-dessous de chaque défrichement, une lisière d'arbustes suffisante pour retenir les terres. Aussi les collines n'é-
taient-elles pas ravinées par les eaux pluviales comme elles le
sont aujourd'hui. Le feu était mis avec une extrême prudence et
constamment guidé.

Le partage des grains récoltés dans les *laux* se fait ordinairement dans la proportion des 5/7es pour le colon et des 2/7es pour
le propriétaire. Cet usage est de droit commun. Dans les terres
voisines des villages, le propriétaire stipule 2/6es pour sa part.
Ordinairement les *laux* étaient donnés , comme on le voit encore
aujourd'hui, par les grands propriétaires, pour une longue suite
d'années, moyennant une redevance annuelle en blé. A défaut
d'actes, une propriété, destinée à être ainsi ensemencée, était
divisée par douzièmes. On ensemençait un 12e chaque année.
Les bras étaient alors moins nombreux et les terres essartées
présentaient une surface beaucoup plus considérable. La con-
servation des chênes à liège se lie, en quelque sorte, à la culture des *laux*. Il serait utile que la loi prescrivît à ceux qui font
des *saquières* ou des *taillades* toutes les précautions usitées
autrefois.

Canton de Saint-Tropez. — En ce qui concerne l'article 1778
où il est dit que *le fermier sortant doit laisser les pailles et
engrais de l'année, s'il les a reçus lors de son entrée en jouissance,* le juge de paix fait observer que l'usage étend cette disposition *aux fourrages* avec quelques modifications. Ainsi le

fermier sortant laisse en foins, pailles et engrais la quantité qu'il a reçue en entrant. Si ceux de l'année sont insuffisants, il est obligé d'en acheter ou de s'en procurer autrement pour parfaire ces quantités. Si les quantités sont égales, le bailleur les retient et il ne peut exiger rien de plus. Si, après avoir rendu au bailleur les pailles, foins et engrais, que le fermier a trouvés en entrant, il y a excédant de pailles ou de foins, cet excédant se partage par moitié entre le fermier et le bailleur, sauf à celui-ci le droit de retenir le tout, en payant au prix du cours ou suivant estimation la part afférente au preneur. Lorsque le fermier justifie avoir introduit dans la ferme des pailles ou des foins provenant d'une terre qui n'en fait pas partie, une fois le bailleur rempli de ses droits, il n'y a pas lieu à partage. Le preneur les emporte en sortant. Mais il en est autrement des engrais, quelle qu'en soient la quantité et la provenance, l'excédant, s'il y en a, est acquis au propriétaire, sans indemnité pour le fermier.

SECTION II. — Arrondissement de Brignoles

Canton de Brignoles. — Le renouvellement des baux à ferme s'opère de la manière suivante. Les fermiers entrants et sortants nomment des experts pour estimer les capitaux attachés à l'exploitation. Si le résultat de l'estimation est au-dessus du chiffre de la dernière, le fermier entrant paie la plus-value à celui qui sort. Si au contraire, les capitaux ont diminué de valeur, ce dernier paie à l'autre la différence, pour que le propriétaire les conserve toujours intacts et en entier. Les pailles et les foins fesant partie de ces capitaux, le fermier entrant n'est point obligé de laisser une place quelconque pour les loger à celui qui sort.

Canton de Barjols. — Il y a rarement lieu d'appliquer les dispositions de l'article 1777, attendu que dans la pratique, le fermier sortant ne vide les lieux et ne livre les capitaux qu'après l'estimation faite des capitaux et des cultures, le jour ou la veille de la sortie, généralement le 8 septembre.

Canton de Besse. — Le fermier sortant est tenu de laisser les terres dans le même état de culture où elles étaient lorsqu'il a commencé de les exploiter, il doit laisser aussi la même quantité de pailles, fourrages, engrais qu'il a trouvée en entrant. Il paie la moins-value des bêtes de ménage. Il doit vider tous les lieux, appartements et greniers.

Le fermier entrant ne doit laisser à sa disposition que les emplacements destinés à recevoir les récoltes de vin et d'huile, si elles lui appartiennent.

On remarque que les baux à ferme à mi-fruits sont les plus nombreux, lorsqu'il s'agit de terres labourables et complantées de vignes et d'oliviers.

Canton de Cotignac. — Dans le chef-lieu, il n'y a pas de grosses fermes, la propriété y étant morcelée à l'infini. Partant pas d'usage qui leur serve de règle. Dans les autres communes, là où il y a des fermes dites *ménages,* le fermier sortant enferme, dans les bâtiments, les foins et pailles au profit de celui qui le remplace (1).

Les fermiers entrent et sortent le 8 septembre et toujours de *deux ans* en *deux ans.* Jamais les baux ne se font pour 3, 5 et 7 ans. Même règle pour les propriétés complantées en oliviers,

(1) Sans doute, si son prédécesseur les lui a rentrés; car habituellement, c'est à celui à qui appartiennent les pailles et foins, auquel incombe l'obligation de les enfermer.

vignes ou autres produits, sauf pour les prés, qui s'afferment pour une seule année.

Canton de Saint-Maximin. — Le fermier sortant doit laisser au fermier entrant toute la paille de la dernière récolte, tous les instruments aratoires, et les capitaux d'exploitation suivant l'estimation d'amis communs.

Canton de Rians. — Dans ce canton, l'usage étant que le fermier sortant engrange lui-même les pailles et foins , dans les bâtiments d'exploitation, pour les laisser au fermier entrant; celui-ci, avant son entrée, n'a pas droit de demander un logement quelconque; et réciproquement, il n'en a aucun à fournir au fermier sortant après l'expiration du bail , qui a toujours lieu le 8 septembre. Il est d'usage aussi que le dit jour de 8 septembre, le fermier entrant recueille toutes les récoltes encore pendantes, parce que celui qu'il remplace les a faites lui-même, lors de son entrée. Les capitaux , au nombre desquels sont les fourrages , sont ordinairement estimés par des experts amiablement choisis par les deux fermiers, qui se tiennent mutuellement compte soit en numéraire, soit en nature, de la plus ou moins-value.

Canton de la Roquebrussanne. — Le fermier doit laisser en quittant la ferme, les mêmes capitaux en troupeaux, bêtes de somme ou de labour, ustensiles d'agriculture et autres, en pailles, en foins, en engrais, en cultures, que ceux qui lui ont été laissés par le fermier sortant. Que le bail soit verbal ou écrit, il est d'usage que deux experts, choisis par les parties, font, à la fin du bail, une estimation en valeur et nature de tous ces capitaux et en dressent un rapport à double original pour le remettre aux parties.

Canton de Tavernes. — Rien à signaler.

Section III. — Arrondissement de Grasse

Dans les cantons de *Grasse*, du *Bar*, de *Saint-Vallier*, aucun usage particulier n'existe relativement aux capitaux de ferme.

Canton d'Antibes. — C'est *toujours* le *propriétaire* qui s'entend avec le colon sortant, et non le fermier entrant. Il est d'usage que les chaumes restent à la propriété, comme chose lui appartenant.

Canton de Saint-Auban. — Les pailles et engrais restent attachés au fonds.

Canton de Cannes. — Le fermier sortant n'a droit à aucun logement pour lui. Il lui est fourni seulement les locaux pour le dépôt du produit des récoltes restant à faire; ils doivent être fermés et la clé doit être entre ses mains.

Canton de Coursegoules. — Dans ce canton, le fermier quitte la propriété le jour de l'année qu'il l'a prise, et il doit laisser les fourrages et les capitaux de sang en mêmes quantité et qualité. La différence, s'il y en a, se paie en argent entre le fermier entrant et le fermier sortant.

Canton de Vence. — Les fermiers sont tenus d'élaguer, une fois tous les quatre ans, tous les oliviers de la ferme. Les colons partiaires ne contribuent à cet élagage que dans la proportion des deux cinquièmes, les trois autres cinquièmes sont à la charge du propriétaire. L'article 1777 reçoit son application dans les localités où le terme de sortie, bien que le bail soit censé expirer à la taille de la vigne ou à l'époque des guérets, se

9

continue cependant jusqu'à la perception des récoltes qui sont
encore pendantes à ces époques.

Dans ce cas, le fermier qui sort doit, d'après l'usage, quitter
les lieux et la maison de ferme, et donner au fermier entrant
toutes les facilités pour l'exploitation; comme aussi ce dernier
doit accorder au sortant toutes facilités et logements nécessaires
pour la perception de la récolte à laquelle celui-ci a droit. Les
pailles doivent demeurer sur le fonds et c'est au fermier entrant
à les engranger. Le fermier qui a reçu des engrais, à son entrée, ne doit, à sa sortie, sans indemnité, qu'une quantité égale
des engrais qu'il a reçus. Le colon partiaire, qui perçoit sa part
de toutes les récoltes produites par ses travaux et ses engrais,
n'a droit à aucune indemité.

Le fermier entrant reçoit les foins et doit les rendre à sa
sortie. Les semences sont, d'après l'usage, fournies par le propriétaire, et lui sont rendues, à la récolte ou à la fin du bail. Les
bêtes nécessaires pour l'exploitation, les bâts, cordages, instruments sont également fournis par lui. Il est cependant quelques
localités où les fermiers sont tenus de contribuer aux frais d'entretien de ces objets, et supportent, à la fin du bail, après estimation, la moitié de diminution de valeur survenue pendant le
cours du bail; mais, en général, l'usage contraire a prévalu jusqu'à ce jour.

Section IV. — Arrondissement de Toulon

Cantons de Toulon et de la Seyne. — Le fermier entrant
doit commencer les guérets d'été, en apportant le fumier nécessaire. Le fermier sortant doit laisser, à Saint-Michel, conformé-

ment à l'article 1778, tous les capitaux dont il s'était chargé. S'il se trouve des excédants en fumier, litière, on en fait deux lots égaux, dont l'un appartient au propriétaire et l'autre au fermier, avec l'option pour le propriétaire de retenir le lot du fermier, en lui en payant la valeur à dire d'experts. Le fermier entrant laisse au fermier sortant toutes les facilités pour que celui-ci achève, sans abus, de recueillir les récoltes encore pendantes. S'il s'agit d'un jardin, le preneur, quoiqu'ayant vidé les lieux à l'époque de Saint-Michel, conserve le droit de recueillir les légumes tenant au sol jusqu'au 31 décembre suivant, sans pouvoir en planter de nouveaux dans l'intervalle.

Canton du Beausset. — Le fermier sortant est tenu de remettre au propriétaire les clés de l'habitation, de l'écurie, des cochonniers, et autres dépendances, dès qu'il n'a plus de culture à faire et qu'il ne lui reste plus qu'à recueillir; mais, au moment des récoltes, il a droit au bénéfice de l'article 1777.

Jamais le fermier sortant ne peut retenir les clés après l'expiration de son bail, c'est-à-dire au 1er novembre pour la taille de la vigne, au 25 mars pour les guérets, et au 8 septembre pour les ménages, quoi qu'il lui reste encore des fruits à recueillir.

Si le fermier, en entrant trouve toute la paille, il la laisse toute en sortant, quelle que soit la récolte; s'il n'en trouve qu'une partie, il doit la peser en entrant; lorsqu'il quitte, il partage avec le propriétaire : il rend au fermier la portion qu'il a trouvée.

Le fermier sortant, qui aurait trouvé un capital de fumier en entrant, doit en laisser la même quantité en sortant, et quand même il n'en ait point trouvé, le propriétaire a droit de retenir sa portion en la lui payant au prix de l'estimation. Il en est de même pour la paille. Cet usage est [entièrement conforme aux dispositions de l'article 1778.

Si le fermier a treuvé de la *piquette* en entrant, il est tenu de la laisser en sortant. Si le propriétaire en réclame la moitié, comme c'est son droit, quoique cela se pratique peu, il est tenu alors de payer la moitié des frais qu'a coûtés la *piquette,* c'est-à-dire, le charriage de l'eau et du pressoir.

Lorsque le fermier, qui doit sortir, donne la seconde œuvre à l'*araire*, les herbes, dites *pastures*, lui appartiennent en entier; mais si, comme cela se pratique quelquefois, il ne donne que la première raie, le fermier entrant, qui donne la deuxième raie de labour, a droit, en compensation de ses travaux, à toutes les herbes pour l'entretien de son cheval.

Le sarclage des blés appartient exclusivement au fermier; mais s'il le trouve en entrant, il doit le laisser en sortant à celui qui lui succède.

Les mauvaises herbes doivent être employées par lui à faire du fumier; mais il ne peut plus en disposer dès qu'il n'a plus de culture à faire et que conséquemment, il n'a plus rien à fumer. Si le fermier, en entrant, a trouvé la paille à l'aire, il n'est pas tenu, en sortant, de la porter au grenier. Il doit la laisser sur l'aire.

Cantons de Collobrières et de Cuers. — Aucun usage particulier à y signaler sur l'application des articles 1777 et 1778 du code civil.

Canton d'Hyères. — Le fermier sortant fait place à son successeur. Il doit laisser les pailles et engrais qui lui sont payés à dire d'expert, si le propriétaire veut les garder.

Canton d'Ollioules. -- Le fermier entrant commence dès la Saint-Jean ses travaux pour l'année suivante. Le fermier sortant, n'ayant plus rien à cette époque qu'à recueillir les récoltes pendantes, doit procurer au fermier entrant les facilités nécessaires. Le plus souvent, il n'en est pas ainsi, soit par la disposition des locaux, en général peu commodes et peu spacieux, soit par la mauvaise volonté du fermier sortant. Il serait à désirer qu'une nouvelle prescription de la loi réglât d'une manière précise les obligations réciproques des deux fermiers entrant et sortant. Au 24 juin, le fermier sortant n'a plus que le droit de prendre les herbes nécessaires à la nourriture des lapins et des porcs.

A la Saint-Michel, il partage avec le propriétaire les pailles et les fourrages qui n'ont pas été consommés, ainsi que le fumier. Il doit rendre, sur sa part, les pailles, fourrages et fumier qu'il a reçus en entrant.

Canton de Solliès-Pont. — Que le bail dure une ou plusieurs années, dès que le congé est donné ou reçu, le fermier sortant doit céder au propriétaire ou au nouveau fermier *toutes les faïsses* ou parties de terres restées libres, pour que celui-ci puisse faire les travaux préparatoires d'été, pour les semer dans l'automne.

CHAPITRE XIII.

Du droit de parcours & de vaine pâture, du glanage, du ratelage, du grappillage et du ban des vendanges.

(Art. 2, section IV. Loi du 28 septembre. — Art. 3 de la même loi.
Art. 21, titre II de la loi du 6 octobre 1791 ; art. 2, section 5, titre I,
même loi).

La *vaine pâture* est le droit qu'ont les habitants d'une commune
de faire paître leurs troupeaux sur les terres les uns des autres,
lorsqu'il n'y a ni fruits ni semences.

On l'appelle vaine pâture, par opposition à la grosse ou vive
pâture que les habitants exercent sur les prairies, landes, marais
ou bruyères appartenant à la commune, ou assujettis dans leur
intérêt à un droit exclusif de pâturage. C'est un droit qui par son
origine et sa nature ne doit pas nuire, notablement du moins,
aux propriétaires.

Le *parcours* est le droit qu'ont plusieurs communes voisines
de conduire réciproquement leurs troupeaux, en vaine pâture,
sur le territoire les unes des autres.

Le *glanage* est la faculté accordée aux pauvres de ramasser
les épis échappés aux moissonneurs et de cueillir les grappes de
raisin que les vendangeurs ont dédaignées. C'est là une coutume
fort ancienne qui est reconnue par une ordonnance de St-Louis,
rendue en 1269, et confirmée par l'assemblée constituante (instruction des 19-20 août 1790).

Mais cette faculté laissée aux indigents n'est point un droit qui leur soit conféré par la loi. Le propriétaire est libre d'en empêcher l'exercice. La loi permet aux pauvres de glaner, de rateler , de grapiller, mais elle n'ordonne pas aux propriétaires de laisser des épis à glaner, des raisins pour le grapillage.

L'usage des *bans*, c'est-à-dire , des proclamations par l'autorité municipale en vue de fixer l'ouverture des récoltes, est aussi fort ancien. A côté de l'avantage qu'il y avait à ne pas procéder à la récolte avant la maturité des fruits , ces mesures avaient surtout pour but de faciliter aux seigneurs la perception de leurs droits.

La loi du 6 octobre 1791 conserva le ban des vendanges dans les pays où il était en vigueur.

Disons desuite que ces restrictions , apportées aux droits des propriétaires, n'existent plus dans presque aucun canton des département du Var et des Alpes-Maritimes.

Section I. — Arrondissement de Draguignan.

Canton de Draguignan.— Non seulement dans ce canton mais dans toute la Provence, on est dans l'usage de marquer et limiter par des mottes de terre ou par des pierres superposées, les unes sur les autres et rangées de distance en distance, les terrains que les propriétaires veulent excepter de la dépaissance commune , pour se les réserver exclusivement. En présence des articles 3 , 5 et 6 de la loi du 28 septembre 6 octobre 1791, on pourrait douter que cette manière de se clore , partiellement usitée autrefois, fût admise de nos jours. Il a été cependant jugé par la cour de cassation du 20 avril 1849 qu'elle devait être respectée , du moins là où elle est autorisée par un règlement municipal. Ainsi cet usage qu'on pourrait croire aboli par la loi précitée subsiste encore aujourd'hui, parce que dans presque toutes les communes où il est en vigueur, il y a un règlement municipal qui l'autorise.

Canton d'Aups. — Les usages sur cette matières sont très-confus. Tendance générale à les abolir. Ils sont partant contestés. Le glanage n'est souffert librement nulle part. Il ne s'exerce après la moisson et la cueillette des olives que subrepticement plutôt que par tolérance de la part du propriétaire.

On ne peut exercer le parcours et la vaine pâture que sur des terres non ensemencées et non complantées, et il arrive assez souvent qu'un propriétaire ensemence ou complante, en pure perte, dans des terrains arides, dans l'unique but de se soustraire au joug de cette servitude. — Dans les terres sujettes au parcours, il est d'usage que le propriétaire se réserve une *contenance* proportionnelle de terrains, marqués par des *montjoies* pour la dépaissance exclusive de ses troupeaux et bêtes de labour.

Canton de Callas. — Rien à signaler.

Canton de Comps. — Le glanage est toléré après l'enlèvement des gerbes, et le ratelage dans les vieilles prairies naturelles. Là où le droit de parcours et de vaine pâture n'existe pas par titre, il est d'usage que les propriétaires qui veulent faire respecter leurs champs font des *montjoies* ou plantent à l'entour des champs, des bâtons auxquels ils attachent des pailles ou chaumes.

Canton de Fayence. — L'usage sur cette matière ayant été

profondément modifié par le code civil et par le code forestier,
c'est la loi qui sert de règle dans ce canton.

Canton de Fréjus. — Le glanage n'a lieu qu'après la moisson
et l'enlèvement des herbes des champs.

Nulle servitude de parcours ou de vaine pâture sur les terres
des particuliers. Anciennement on introduisait les bêtes de somme, bœufs, chèvres et brebis dans les terres boisées de l'Etat
et des communes, moyennant une faible rétribution ; mais depuis
le code forestier, il y a tant de formalités à remplir pour cette
introduction qu'on y renonce le plus souvent, ce qui est une perte
pour l'agriculture, privée ainsi de la ressource de nourrir les
bestiaux à peu de frais.

Canton de Grimaud. — Le glanage n'y est pas une faculté
réglée par l'usage, mais le résultat d'une permission accordée
expressément par le propriétaire. On ne peut glaner ni blé, ni
olives dans son champ sans sa permission. Il n'y a pas de lieux
soumis au parcours ni à la vaine pâture.

Canton de Lorgues. — Le parcours et la vaine pâture ont existé
autrefois ; mais ils ne sont plus en usage dans le canton où les
plantations de vignes et d'oliviers ont dû les faire bannir à tout
jamais. — Le glanage n'a lieu que par pure bienveillance. Il
s'exerce avec discrétion, quand les gerbes ont été enlevées et
donne rarement lieu à des abus.

Canton du Luc. — Il n'y a dans ce canton aucun droit coutumier de glanage ni de vaine pâture.

Canton de Salernes. — Pas de droit de parcours entre les communes. Le glanage, la vaine pâture qui existaient autrefois sont
tombés en désuétude.

Canton de Saint-Tropez.— Pas d'usage particulier à signaler.

Section II. — Arrondissement de Brignoles.

Canton de Brignoles.— Il n'existe aucun droit de glanage, de vaine pâture et de parcours.

Canton de Barjols. -- L'usage de glaner est plutôt toléré qu'admis et en général peu pratiqué; on ne peut à cet effet, s'introduire dans la propriété d'autrui, avant l'enlèvement entier des récoltes. Quant au parcours et à la vaine pâture, ce droit n'est établi dans aucune partie du canton.

Canton de Besse. — Le glanage est toléré dans les communes du canton, après l'enlèvement des récoltes. Cependant, les propriétaires qui ne veulent pas le souffrir élèvent des rameaux verts à chaque extrémité de leur propriété, comme signe de défense d'y glaner.

Les propriétaires ne font point paitre leurs troupeaux dans les terres, les uns des autres, quoique non chargées de fruits ou de semences, ni dans leurs bois taillis ou de haute futaie, bien qu'ils ne soient point défensables; et des règlements de police dans chaque commune obligent les bergers d'avoir un certain nombre de sonnettes, selon le nombre de bêtes qui composent leurs troupeaux. — Le parcours n'existe pas davantage entre les communes du canton.

Canton de Cotignac. — L'usage n'y a jamais consacré ni le droit de glanage ni celui de vaine pâture. Ce n'est qu'à titre de tolérance et par charité que le glanage des olives y a lieu quelquefois.

Canton de Saint-Maximin.— Le glanage n'y est pas usité. Le droit de parcours et de vaine pâture , qui existait autrefois dans la commune du Plan d'Aups , est tombé en désuétude , à la suite d'un arrêt de la cour royale d'Aix du 16 mai 1838.

Canton de Rians.— Le droit de glanage , de vaine pâture ou de parcours n'a jamais existé dans ce canton. Cependant dans quelques unes des communes qui le composent , les bergers, après l'enlèvement des gerbes , ont l'habitude d'introduire leurs troupeaux dans les chaumes. Mais ces faits sont de pure tolérance et ne constituent ni droit ni servitude.

Canton de la Roquebrussanne. — Il n'existe pas dans le canton de droit de *glanage* , de *ratelage* et de *grappillage* , tels qu'on les exerçait autrefois en Provence. Mais le glanage des blés et celui des olives, le *grappillage* y sont tolérés dans les terres non closes. Selon la coutume de Provence , ils ne peuvent être exercés qu'après l'enlèvement des récoltes. Ils ne peuvent l'être avant le lever ou après le coucher du soleil.— On ne publie pas de bans de vendanges ou autres, comme on le faisait autrefois.

Il existait anciennement un droit de vaine pâture dans les communes de la *Roquebrussanne*, de *Méounes* et de *Mazaugue*, mais ce droit, d'abord modifié par la loi de 1791 et par l'article 530 du code civil a presque cessé d'être pratiqué. Le déboisement des plaines et leur mise en culture, le morcellement des propriétés ont rendu l'exercice de ces droits onéreux et presque impossible dans les propriétés particulières. Le régime forestier a eu le même effet pour les bois communaux.

A *Garéoult* et à *Forcalqueiret* , on exerce encore le droit dans les bois communaux, quand ils ne sont pas *défensables*. Cet exercice est réglé par des délibérations du conseil municipal et a lieu moyennant une taxe imposée sur les bestiaux. Le passage des troupeaux dans les communes et celui des troupeaux *transhumans*, allant de la Provence dans la Savoie, ne s'opère plus que sur les carraires publiques.

Canton de Tavernes. — Le glanage n'est admis que pour les graminées et ne peut avoir lieu qu'à la main, sans rateau, après l'enlèvement des gerbes et la ratelée de l'emplacement où elles étaient entassées.

La vaine pâture s'exerce sur les terres dépouillées de leurs récoltes du mois de mai jusques à la Saint-Michel. Elle est prohibée dans les prairies, vignes, oliviers et bois taillis. La loi de 1791 qui en règlemente l'exercice est adoptée comme usage local.

Il n'y a pas de parcours. Le grapillage et *le ratelage* ne sont point admis.

Section III. — Arrondissement de Grasse

Cantons de Grasse, d'Antibes, de Cannes, de Vence. — Le glanage, la vaine pâture et le parcours n'existent pas dans ces cantons.

Canton de Saint-Auban. — Ce canton se compose de 13 communes qui toutes ont quelques usages qui leur sont propres, surtout pour le *pacage des troupeaux.* Mais de pareils usages n'ont guère force de loi et sont généralement réglés par des délibérations municipales. En cas d'infraction, les contraventions sont jugées et punies conformément à l'article 471 n° 15 du code pénal.

Canton du Bar. — Le parcours et la vaine pâture sont admis dans les communes de Courmes , Gourdon et Caussols. Ils sont réglés par des titres anciens.

Canton de Coursegoules.— Les troupeaux de gros et de menu bétail forment la principale ressource du canton. Les 8 communes qui le composent sont toutes soumises au droit de vaine pâture. Il y a une réserve pour celles où il existe des oliviers ou arbres fruitiers et vignobles. La vaine pâture y est interdite à la fois par la loi et par l'usage des lieux. — Cette vaine pâture est sujette à bien des controverses. Aussi éprouve-t-on des difficultés pour la faire maintenir. On en reconnaît la nécessité si l'on veut avoir des troupeaux, et cependant on désire que les terres en soient délivrées. L'affranchissement ferait plutôt le malheur que l'avantage du pays. Voici comment elle s'exerce dans le canton.

Les conseils municipaux règlent par leurs délibérations l'époque de l'année où le gros et le menu bétail peuvent aller pacager sur les terres qui ne sont chargées d'aucune récolte. — Ces conseils règlent aussi une époque de l'année et un quartier privilégié qu'on appelle *le défends* où le gros bétail doit pacager à l'exclusion du menu. Ces délibérations sont approuvées par l'autorité administrative et ont force de loi dans le canton. — Le code rural, comme on voit, s'y est maintenu intact et s'y maintiendra, à moins qu'une loi contraire ne vienne l'abolir.

Canton de Saint-Vallier.— La vaine pâture est immémoriale dans le canton. Elle ne s'exerce que sur des terres généralement mauvaises et de peu de valeur. Les propriétaires ont la faculté de soustraire annuellement à cette servitude un tiers des ter-.

rains qu'ils veulent ensemencer, pour être facilités dans les premiers travaux, en procurant sur le lieu même la nourriture aux bêtes de labour. Ces parties de terrain ainsi réservées sont marquées par de grosses pierres ou du gazon placé en évidence, pour que les bergers puissent les apercevoir.

Section IV. — Arrondissement de Toulon

Cantons de Toulon, de Collobrières, de Solliès-Pont.— Rien à signaler relativement au droit de parcours et de glanage.

Canton du Beausset. — Le droit de glanage n'existe pas dans le canton. On n'y publie aucun ban de vendanges : les habitants sont libres d'y procéder quand il leur convient, ce qui a lieu ordinairement du 15 au 20 septembre jusqu'à la fin d'octobre.— L'usage du grapillage est inconnu. — Le droit de parcours et de vaine pâture y existait anciennement mais pour les forêts seulement et non dans les terres cultivées sur chaume.—Depuis que le code forestier a prescrit la formation d'un troupeau commun, sous la conduite de pâtres communaux, ce droit ne peut plus s'exercer ; il serait sujet à des difficultés qui n'en permettent plus l'exercice.

Canton de Cuers. — Le glanage a pris peu d'importance dans ce canton où la culture des céréales est faible. On s'y permet bien plus de grapiller dans les vignes et de rechercher les olives qui peuvent rester sur les arbres après la cueillette ; mais il est toujours facultatif aux propriétaires de s'y opposer. — Le parcours et la vaine pâture sont à peu près inconnus dans ce canton.

Canton d'Hyères. — On permet aux gens travaillant à la journée de ramasser les glands des chênes qui bordent les routes ou chemins, en tant que ces glands sont dispersés sur la voie publique, sans que la main de l'homme les y ait fait tomber. Le grappillage est aussi autorisé. Hyères n'est pas un pays de parcours ni de vaine pâture.

Canton d'Ollioules. — Le glanage, le parcours et la vaine pâture ne sont pas en usage dans le canton. La vaine pâture s'exerce seulement sur les terres communales. Les habitants ont en outre le droit d'y faire de la litière, du mort-bois, d'élaguer les branches des pins à six pieds de hauteur du sol. Ils ont le droit, en prévenant l'autorité municipale, de couper des bois pour la construction des maisons. Mais ce dernier usage est tombé en désuétude.

CHAPITRE XIV

DU CURAGE DES RUISSEAUX ET CANAUX

(LOI DU 14 FLORÉAL AN XI).

ART. 1er. — Il sera pourvu au curage des canaux et rivières non navigables et à l'entretien des digues et ouvrages d'art qui y correspondent de la manière prescrite par les anciens règlements, ou *d'après les usages locaux.*

ART. 2. — Lorsque l'application des règlements ou l'exécution du mode consacré par l'usage éprouvera des difficultés, ou lorsque des changements survenus exigeront des dispositions nouvelles, il y sera pourvu par le gouvernement dans un règlement d'administration publique, rendu sur la proposition du préfet, de manière que la quotité de la contribution de chaque imposé soit toujours relative au degré d'intérêt qu'il aura aux travaux qui devront s'effectuer.

ART. 3. — Toutes les réclamations relatives au recouvrement des rôles, aux réclamations des individus imposés et à la confection des travaux seront portées devant le Conseil de Préfecture, sauf le recours au gouvernement qui décidera en Conseil d'Etat.

SECTION I. — Arrondissement de Draguignan

Canton de Draguignan. — Le curage des *petites rivières* n'y a jamais été pratiqué, et il n'existe aucun règlement d'administration publique qui oblige les riverains à y procéder. Quant aux autres cours d'eau, ils sont curés par ceux à qui ils appartiennent, ainsi qu'ils l'entendent et quand bon leur semble.

Canton d'Aups, de Callas, de Comps, de Fayence, de Lorgues, de Salernes et de Saint-Tropez. — Rien à signaler. On y suit les prescriptions de la loi du 14 floréal an XI.

Canton de Fréjus. — Chaque année, à la fin d'août, le maire fait publier l'ordre de couper, tant sur les bords que dans le lit des rivières ou torrents, les arbres et arbustes qui en croissant empêchent l'écoulement des eaux. Mais ces mesures ne sont pas toujours exécutées, ou le sont mal. Quant aux canaux, comme ils appartiennent à des particuliers, ceux-ci ont soin de les tenir en bon état.

Canton de Grimaud. — Les règlements relatifs au curage des cours d'eau n'ont jamais été en vigueur. De là résultent de graves inconvénients. Les propriétés de la plaine en sont beaucoup plus souvent inondées et les fourrages perdus. Le curage des cours d'eau de la part des riverains et de toutes les parties intéressées aurait une double utilité : 1° il aurait pour effet d'encaisser les cours d'eau dans leur lit; 2° les cailloux enlevés des rivières pourraient être employés à l'empierrement des chemins publics.

Canton du Luc. — Les canaux et les rivières sont curés par les riverains. Un arrêté de M. le Préfet avait ordonné le curage et l'élargissement des rivières ; il n'a pas été mis à exécution. (Voir ordonnance du Roi portant règlement pour le curage de la rivière du Réal-Martin, commune du Cannet-du-Luc, du 12 septembre 1844, aux *Actes administratifs du Var* de 1844, n° 18).

SECTION II. — Arrondissement de Brignoles

Canton de Brignoles. — Les canaux des usines qui appartiennent à des particuliers sont entretenus et curés aux frais de ces derniers.

Canton de Barjols. — La jouissance commune d'un cours d'eau entraine l'obligation de faire en commun les frais du curage. La plupart des cours d'eau sont régis par un règlement, sous l'administration et la surveillance des syndics nommés par l'association des arrosants, ou des riverains, à l'effet de faire exécuter les travaux et réparations, jugés nécessaires, de veiller à ce qu'il ne soit rien entrepris contre le droit des intéressés, etc. Il est plus rare de trouver des associations partielles pour les rivières, dont chacun fait le curage sur le confront de sa propriété, s'il le juge à propos et dans son intérêt particulier. Le juge de paix de Barjols n'en connaît qu'une dans son canton pour le curage de la rivière d'Argens et l'entretien des ouvrages d'art qui s'y rapportent, dans la partie près de la source, qui a été encaissée pour dessécher les *palus* formés par le débordement de la rivière dont le lit n'était pas assez profond. Ce dessèchement a eu pour but et pour résultat d'assainir ces quartiers et de mettre en culture des terrains stérilisés par les eaux stagnantes et qui paient aujourd'hui avec usure aux propriétaires riverains qui se sont associés en vue de creuser un lit plus profond, les dépenses qu'ils ont faites pour opérer les travaux. Cette association, composée de divers propriétaires de Saint-Maximin, de Seillons, de Brue-Auriac, dont la rivière traverse, borde ou avoisine les héritages, autrefois submergés, est représentée par des syndics chargés de veiller aux intérêts communs et de faire opérer les travaux d'entretien, dont la dépense est répartie ensuite entre les co-intéressés.

Les berges d'un canal sont soumises au terre-jet lors du curage. Ceux qui ont droit aux eaux sont tenus de faire enlever les terres ou immondices provenant de ce curage là où elles peuvent embarrasser le passage ou nuire au propriétaire voisin. (Dubreuil, *Législation sur les eaux,* pages 159 et 170.)

Canton de Besse. — Les canaux d'irrigation sont entretenus aux frais des co-arrosants. Chacun d'eux entretient *les confronts du canal* et s'ils s'y refusent, MM. les Maires, après une publication préalable, font procéder au curage aux frais de ceux qui ont négligé d'obéir.

Canton de Cotignac. — Le curage des rivières n'a jamais lieu dans ce canton, et l'on n'y connait pas de règlements émanés de l'autorité supérieure qui forcent les riverains à procéder à ce travail.

Canton de Saint-Maximin. — Le curage des canaux et ri-
viéres, non navigables, et les réparations généralement quelconques, de même que l'entretien des ouvrages d'art, ont toujours
été effectués aux frais des propriétaires intéressés par un syn-
dicat nommé en assemblée générale.

Canton de Rians. — Dans ce canton, le curage des rivières
non navigables ni flottables n'a jamais lieu; il n'existe aucun
règlement d'administration publique qui oblige les riverains à
l'exécuter. Quant aux autres cours d'eau, il sont curés et entretenus par ceux auxquels ils appartiennent.

Canton de la Roquebrussanne. — La pente de notre sol, la
rapidité de nos rivières, la hauteur de leurs bords rendent inutile le curage de leurs lits; aussi n'y a-t-on pas déterminé à qui
incombent le curage et la direction à leur donner. Quant au curage
des canaux et à l'entretien des travaux d'art établis sur les rivières, ils sont à la charge des propriétaires ou des co-usagers.
Quelquefois ces co-usagers font ce travail dans la limite de leurs
héritages. Mais quand il y a encombrement ou inondation pré-
judiciable aux riverains, il s'exécute sous la surveillance de
syndics, officieux ou légalement nommés par les usagers, ou
par des gens qui ont la direction des eaux et les distribuent
sous le nom *d'Eyguadiers.*

Canton de Tavernes.— Application de la loi du 14 floréal an XI.

Section III. — Arrondissement de Grasse

Aucun usage particulier ne peut y être signalé, en ce qui
concerne le mode d'exécution de la loi de floréal.

Section IV. — Arrondissemenl de Toulon

Cantons de Toulon, du Beausset, de Collobrières, d'Ollioules, de Solliès-Pont et de la Seyne.— Rien à signaler. C'est la loi de floréal an XI qui est appliquée sans être modifiée par aucun règlement ou usage local.

Canton de Cuers. — Les canaux d'irrigation sont, en général, entretenus par les intéressés, chacun au regard de sa propriété.

Canton d'Hyères. — Le curage des canaux et des rivières non navigables et l'entretien des ouvrages d'art, qui y correspondent, sont ordinairement confiés aux propriétaires limitrophes qui, sur l'invitation du maire, sont convoqués en assemblée et nomment des syndics pour faire exécuter les travaux soumis à leur délibération, et répartir entr'eux les dépenses au marc le franc de l'imposition foncière de chaque riverain.

OMISSIONS.

Canton de Callas. — BRANCHES TOMBANTES. — Les fruits des branches d'arbres qui s'étendent dans l'héritage voisin, appartiennent aux propriétaires de ces arbres; le voisin doit donner à ceux-ci le passage nécessaire pour pouvoir les cueillir, sauf indemnité, s'il y a lieu. (Page 58).

Canton de Vence. — DISTANCE DES FOSSÉS ET DES MURS. — L'usage a établi que pour les terrains inclinés et soutenus par des murs en maçonnerie, sèche ou de mortier, ou en terre, l'inférieur devait laisser, sans le cultiver pour éviter des éboulements, un intervalle de terrain de 25 à 33 centimètres de largeur à partir du fonds du voisin.

Un fossé ne peut, d'après les usages, être établi sur la ligne séparative de deux héritages; et celui qui le creuse doit laisser entre le fonds du voisin et le bord extérieur du fossé un espace de terrain en rapport avec la profondeur du fossé. C'est ordinairement le 33 $_o/^o$. (Page 73).

CARRAIRES.— Consulter arrêté de M. le Préfet du Var, en date du 25 juin 1819 établissant l'état des chemins dits *carraires* dans le département (Page 80).

Canton du Bar. — BAIL A COLONAGE. — Le bail à colonage y forme la majeure partie des baux à ferme. Les colons partagent les fruits avec le propriétaire dans des proportions égales, sauf la récolte des olives, sur laquelle un tiers est prélevé en faveur de ce dernier. Les colons font tous les travaux, à l'exception de l'élagage des oliviers, où le propriétaire contribue pour les deux tiers de la dépense. (Page 93).

PIÈCES JUSTIFICATIVES.

USAGES LOCAUX.

Circulaire du Ministre de l'Intérieur du 26 juillet 1844, appelant sur cet objet l'attention et l'examen de tous les Conseils généraux.

Après avoir rappelé les principaux articles du code civil qui donnent à l'usage force de loi, M. le Ministre s'exprime ainsi :

« L'énumération de ces cas principaux suffit pour que l'on comprenne de quelle utilité serait, dans chaque département, un recueil des usages formé avec soin et revu par toutes les personnes de la localité les mieux instruites et les plus compétentes : on ne saurait sans doute l'imposer comme loi ; *mais les autorités aussi bien que les particuliers,* y puiseraient journellement des renseignements indispensables, et, par degré, on parviendrait à rectifier et même à fixer d'une manière authentique des usages parfois contradictoires et trop souvent mal connus : au moins *ces documents seraient d'une très grande importance pour l'élaboration d'un code rural,* demandé par le plus grand nombre des conseils des départements. »

M. le Ministre, dans cette circulaire, invitait MM. les Préfets à soumettre au Conseil général cette question et à le prier d'examiner s'il y avait lieu de former un recueil des usages locaux dans le département et qu'elle serait la marche à suivre pour en assurer la bonne exécution.

(Voir aussi *Circulaire de M. le Ministre de l'Agriculture et du Commerce* du 5 juillet 1850 sur le même objet.

SESSION D'AOUT 1844. — CONSEIL GÉNÉRAL DU VAR.

Procès-verbal des délibérations du Conseil général du Var, 1844

M. le rapporteur de la commission d'agriculture s'exprime ainsi :

« Sur des matières fort importantes qui intéressent l'agriculture, la législation elle-même a jusqu'à présent maintenu l'empire des usages locaux.

« Mais les usages ne sont point uniformes, ils varient suivant les lieux; mobiles de leur nature, ils sont modifiés par le temps. Ne s'appuyant que sur les traditions orales, ils sont même souvent contestés; bien des fois, les juges sont dans l'incertitude sur ce qui s'est pratiqué autrefois, et sur ce qui est généralement suivi dans ce moment. Le gouvernement a compris la nécessité de prendre en considération les usages locaux, dans l'élaboration d'un code rural qui est demandé par la plupart des conseils généraux.

« Il a été frappé de l'utilité qu'il y aurait à les constater, et votre commission de l'agriculture s'associe à cette pensée. Mais il n'attend pas de nous, Messieurs, un travail de cette étendue. Il désire seulement que les Conseils généraux se prononcent sur l'avantage que peut présenter une COLLECTION ÉCRITE DES USAGES LOCAUX et sur la marche la plus efficace à suivre pour les recueillir.

« M. le Ministre de l'intérieur cite deux exemples de ce qui a été fait jusqu'à présent. Dans un département, c'est à une société d'agriculture, dans un autre, c'est à un membre du Conseil général aidé par la magistrature que l'on a dû le recueil dont le besoin est proclamé par l'Administration et l'Etat.

« La commission dont je suis l'organe a considéré qu'en dernière analyse, les contestations qui s'élèvent sur les usages locaux, aboutissent à des débats judiciaires. Elle a pensé surtout que dans les cantons ruraux où ces usages ont le plus d'importance, sont le plus souvent invoqués, le juge de paix est le mieux instruit puisqu'il les prend pour guides dans ses décisions. Qu'en outre, dans ces localités, ce magistrat est ordinairement plus capable que personne de faire une rédaction satisfaisante. Elle a pensé encore qu'élu, pour une période de temps presque toujours fort longue, enchaîné par sa propre jurisprudence, il se trouve plus que tout autre dans l'impossibilité morale de déguiser ces usages et de les présenter sous le jour qu'exigerait son intérêt personnel. Malgré ces garanties, votre commission croit qu'il est utile de faire réviser et sanctionner cet important travail par les chefs des tribunaux, et ensuite des cours royales qui ont aussi leur jurisprudence.

« Elle vous propose donc de déclarer :

« 1° Qu'il est utile et même très-utile de constater les usages locaux en tout ce qui concerne l'agriculture ;

« 2° Que les juges de paix lui paraissent plus aptes que personne à recueillir ces usages ;

« 3° Que ces magistrats doivent dresser *de leur travail un procès-verbal très-circonstancié, présentant la nature et les détails de l'usage* et que les chefs des tribunaux et des cours doivent donner successivement leur avis sur ces procès-verbaux. »

Adopté.

Circulaire à MM. les juges de Paix, relative aux usages locaux ayant force de loi.

Draguignan, le 29 mars 1881.

Messieurs,

Par sa circulaire du 26 juillet 1844, M. le Ministre de l'Intérieur a soumis aux Conseils généraux la question de savoir, si, dans l'intérêt des services de l'administration et des tribunaux, il conviendrait de constater et de réunir en recueil les usages locaux auxquels se réfèrent diverses dispositions législatives.

La loi, en effet, donne à l'usage force de loi dans un assez

grand nombre de cas. Ainsi, le code civil a disposé que l'usufruit
des bois (articles 590, 593), l'usage des eaux courantes (articles
644, 645); la hauteur des clôtures dans les villes et faubourgs
(article 663); les distances à garder entre les héritages pour les
plantations d'arbres de haute-tige (article 671); les constructions
susceptibles, par leur nature, de nuire au voisin (article 674); les
délais à observer pour les congés des locations et les paiements
des sous-locations (articles 1736, 1738, 1753, 1758, 1759); les réparations locatives ou de menu entretien (art. 1754, 1755); les
obligations des fermiers entrants et sortants (art. 1777) auraient
généralement pour règle *l'usage des lieux, les règlements particuliers, les coutumes.* De même, la loi du 28 septembre, 6 octobre
1791, qui régit la police rurale, renvoie pour ce qui concerne le
glanage, la vaine pâture, le parcours, *à l'usage immémorial et
aux coutumes;* de même encore, la loi du 14 floréal an XI subor-
donne *aux anciens règlements et aux usages locaux* la direction
des travaux qui ont pour objet le curage des canaux et rivières
non navigables et l'entretien des ouvrages d'art qui y correspondent.

L'énumération de ces cas principaux suffit pour que l'on comprenne de quelle utilité serait pour le département du Var, un
recueil des usages. On ne saurait sans doute l'imposer comme
loi, mais les autorités, aussi bien que les particuliers, y puiseraient journellement des renseignements indispensables, et, par
degrés, on parviendrait à rectifier, et même à fixer d'une manière
presque authentique des usages parfois contradictoires et trop
souvent mal connus; au moins ces documents seraient d'une
grande importance pour l'élaboration d'un code rural si ardemment réclamé par les sociétés agricoles.

Aussi, Messieurs, dans la séance du 31 août 1844, le Conseil
général du département a exprimé le vœu que vous fussiez chargés de constater ces usages, et d'en former un recueil.

Le Conseil général ne pouvait faire un meilleur choix; car appelés très souvent à appliquer, dans les jugements que vous
rendez, les usages suivis dans vos cantons, vous êtes mieux que
toute autre personne aptes à connaître les coutumes qui y ont
force de loi.

Je n'ai retrouvé à la préfecture aucune trace de l'exécution de la délibération du Conseil général , et je viens vous prier , Messieurs, de vouloir bien vous charger de ce travail et me faire parvenir en triple expédition , un procès-verbal très circonstancié présentant la nature et les détails des usages de vos cantons respectifs.

J'espère, Messieurs, que, dans la mission importante qui vous est confiée, vous ne faillirez pas au zèle qui vous distingue si éminemment. Vous voudrez bien consulter , dans certains cas , les personnes de votre localité les mieux instruites et les plus compétentes qui , je n'en doute pas, ne manqueront point de répondre à votre appel.

Agréez , Messieurs, l'assurance de ma considération très distinguée.

Le doyen du Conseil de préfecture , Préfet du Var par intérim .

Henri ANGLÉS.

Procès-verbal des délibérations du Conseil général du Var ,
session d'août 1851 .

M. le Préfet dit : « Par suite de la communication qui leur a été faite de la circulaire de M. le Ministre de l'Intérieur, en date du 26 juillet 1844, et de la circulaire de M. le Ministre de l'Agriculture et du Commerce du 5 juillet 1850 , vos prédécesseurs ont émis le vœu , le 31 août de la même année , qu'il fût procédé à la constatation , dans l'intérêt des services administratifs et des tribunaux, des usages locaux de ce département auxquels se réfèrent diverses dispositions législatives.

« Vos prédécesseurs ont également émis le vœu que MM. les juges de paix soient chargés de ce travail important sous plusieurs points de vue. En exécution de cette délibération du Conseil général , dont je mets une expédition sous vos yeux , une circulaire de mon prédécesseur , en date du 29 mars 1851, a chargé MM. les juges de paix du département de recueillir ces usages locaux et d'en faire l'objet d'un rapport circonstancié.

« J'ai l'honneur, Messieurs, de déposer sur votre bureau, les rapports que MM. les juges de paix m'ont adressés à ce sujet.

« Je vous prie, de vouloir bien les faire examiner par une commission et de prendre une décision sur l'opportunité de l'impression de ces documents.

« Je crois devoir vous faire observer que, dans le cas où vous voteriez, comme nécessaire et utile l'impression en corps d'ouvrage du contenu de ces rapports, il y aurait lieu de la faire réviser par le membre du Conseil général pour le canton qu'il représente, et de les soumettre ensuite avec ses observations à une commission prise soit dans votre sein, soit parmi les hommes de loi, les avocats, les notaires et anciens administrateurs qui seront chargés de coordenner le travail.

« Je vous prie, Messieurs, de vouloir bien prendre une détermination sur cet objet et d'ouvrir s'il y a lieu au sous-chapitre XXII de la 2e section du budget, un crédit suffisant pour faire face à la dépense qu'occasionnera ce travail.

M. le rapporteur de la commission administrative dit : « La « commission administrative est d'avis, vu la longueur et l'im- « portance de ce travail, de prier M. le Préfet de nommer ou « faire nommer par le Ministre, hors la session du Conseil gé- « néral, une commission dans laquelle entreraient deux mem- « bres du Conseil général et des hommes de loi, laquelle serait « chargée de coordonner les procès-verbaux des juges de paix».

Adopté.

TABLE DES MATIÈRES.

CHAPITRE Iᵉʳ.— DE L'USUFRUIT.

CHAPITRE II. — DE LA JOUISSANCE DES EAUX COURANTES.

CHAPITRE III.— DU BORNAGE.

ERRATA.

—◦—

Page V, 4ᵉ ligne, au lieu de *90 ans*, lisez 91 ans.

— VI, ligne 28, au lieu de *1792-1876*, lisez 1792-1877.

— VII. ligne 11, au lieu de *laissés*, lisez légués.

— XVII, ligne 28, au lieu de *blus*, lisez plus.

— id. ligne 31, au lieu de *ar*, lisez par.

— 31·, ligne 11, au lieu de *plan*, lisez plant.

— 31, ligne 14, au lieu de *gland*, lisez plant.

— 37, ligne 21, au lieu de *observés*, lisez observées.

— 45, ligne 12, au lieu de *Saine-Auban*, lisez Saint-Auban.

— 47, ligne 7, au lieu de *ses inférierus*, lisez leurs inférieurs.

— 50, ligne 25, au lieu de *délimations*, lisez délimitations.

— 51, ligne 3, au lieu de *bornage, de*, lisez bornage.

— 67, ligne 25, au lieu de *Gappeau*, lisez Cappeau.

— 79, ligne 20, au lieu de *voisinant*, lisez voisinaux.

— 81, ligne 11, au lieu de *Saint-Michel et Pâques*, lisez St-Michel et de Pâques.

— 97, ligne 7, au lieu de *bureau*, lisez bureaux.

— 110, ligne 22, au lieu de *moitiè*, lisez moitié.

— 114, ligne 22, au lieu de *blanchissement*, lisez blanchiment

— 125, ligne 1, au lieu de *c'st* lisez c'est.

— 132, ligne 3, au lieu de *treuvé*, lisez trouvé.

— 144, ligne 14, au lieu de *canton*, lisez cantons.

TABLE ANALYTIQUE,